S0-EKL-524

CASADOS PERO CONTENTOS

"Las desinteligencias y conflictos matrimoniales demandan un consejero, un orientador, un amigo confiable. El Dr. Alfonso Valenzuela ha escrito el libro que todo matrimonio necesita para la superación de problemas interpersonales en la vida marital y el desarrollo feliz y exitoso del más sublime de todos los contratos: el matrimonio. Yo recomiendo a los casados y los que planean hacerlo, el libro del Dr. Valenzuela: *Casados pero contentos*, sin reservas y con entusiasmo."

Dr. Eradio Alonso, *Director de los pastores adventistas en los Estados Unidos y Canadá.*

Casados pero Contentos

Alfonso Valenzuela

© 2005, Derechos reservados por Alfonso Valenzuela

Se prohíbe la reproducción total o parcial de esta obra sin el permiso del autor.

A no ser que se indique de otra manera, todas las citas de las Sagradas Escrituras están tomadas de la versión Reina Valera 1960.

Printed in the United States of America

Diseño de la portada: Giovanni Pleitez.

ISBN 0-9763167-1-4

Producción y distribución:

Living Ministry
Pasadena, California
Livingministry.com

Contenido

Introducción 7

I. No es bueno estar solo 11

II. La honra del matrimonio 19

III. Desfile de esposos y matrimonios 33

IV. El corazón del matrimonio 41

V. La ley matrimonial 59

VI. La vida sexual matrimonial 73

VII. Las estaciones del matrimonio 99

Conclusión 113

Apéndices 117

Dedicatoria

A mi esposa

Jeanine

por su amor y compañerismo.

Introducción

Casados pero contentos tiene el propósito de resaltar los elementos más importantes que deben estar presentes en la formación de un matrimonio feliz. Es muy triste y doloroso que la mayoría de los matrimonios o desconocen estos elementos o simplemente no los atienden, y el resultado es lo que debiera esperarse: infelicidad, separación y divorcio. Lo que puede ser bello y hermoso, para muchos se convierte en un campo de batalla o en un verdadero infierno.

La información presentada aquí es el producto de varios años de investigación de los conceptos teológicos y psicológicos que se ha descubierto tienen una gran influencia sobre la vida familiar, especialmente la matrimonial. El pilar teológico sobre el que se apoya esta obra se encuentra en la inspiración del gran apóstol San Pablo, quien, en Efesios 5, destaca y acentúa conceptos tales como la unidad matrimonial, la importancia del amor y la ley matrimonial. La ley matrimonial, que se establece en Génesis 2:24, tiene mucha relevancia para los matrimonios de nuestros días y armoniza perfectamente con los descubrimientos psicológicos y sociológicos más recientes, tales como la relación con la familia de origen, la cohesión familiar, la importancia de la unidad en la pareja, las finanzas matrimoniales y la sexualidad.

Para completar el cuadro general, se destacan otros aspectos igualmente importantes, como los tipos de matrimonio, los problemas matrimoniales más comunes y las distintas etapas biológicas y emocionales por las que pasan todos los matrimonios.

Se refuerzan estos conceptos con estudios socio-psicológicos realizados recientemente en los Estados Unidos y con ideas de peritos en la materia. Para favorecer la lectura rápida y fácil de la obra, se ha limitado la cita de autores a los nombres y los títulos de sus libros.

El gran factor sobre el cual descansan todos los principios y secretos de la felicidad conyugal, es el tiempo. Se necesita tiempo, grandes porciones de tiempo para lograr un matrimonio feliz y armonioso. Se necesita tiempo para descubrir los secretos de la felicidad y se necesita tiempo para ponerlos en práctica, para evaluarlos y para hacer los ajustes necesarios. El matrimonio y la familia son inversiones de inmenso valor y tienen las consecuencias más trascendentales de la vida. Pero el grado de felicidad que obtengamos estará en relación directa con el tiempo que le prestemos al matrimonio. Por lo general, un matrimonio no es feliz debido a que los cónyuges no desean que lo sea, y por lo tanto no le dedican el tiempo suficiente.

Para lograr una vida familiar feliz, necesitamos comenzar con el matrimonio, ya que los matrimonios felices producen familias felices. Y para tener un matrimonio feliz, necesitamos hacer todo lo posible para que nuestro cónyuge esté feliz. Y para tener feliz al cónyuge se requiere gran calidad y cantidad de tiempo que permita desarrollar un compañerismo íntimo.

El compañerismo entre los esposos es algo de suprema importancia. Es ser los mejores amigos; es gozar juntos de la felicidad que brinda la vida; es compartir los secretos y las experiencias más íntimas, es contar con alguien en los momentos de dolor, es tener a quien acudir en las dificultades y problemas. Es gozar juntos de las bendiciones que da la familia.

En esta segunda edición quisiera agradecer a todas aquellas personas que de alguna forma colaboraron para el refinamiento de este libro: a los doctores Atilio Dupertuis y Eduardo Ocampo, profesores de la Universidad de Andrews, por sus acertadas observaciones y correcciones; al pastor Alberto Valenzuela, mi hermano y consejero, por el diseño de la portada; a los cerca de cien pastores en Estados Unidos y Puerto Rico que leyeron este libro y aportaron ideas muy útiles (el nuevo título surgió en una reunión de treinta pastores en Florida); a mi esposa Jeanine por todo su apoyo; y a mi secretaria, Bonnie Knight, por su incansable dedicación al trabajar en esta obra.

Deseo sinceramente que este libro induzca al lector a esforzarse por mejorar su matrimonio. Que los principios y consejos que aquí se vierten se pongan en práctica y se traduzcan en una bendición para el hogar, la familia y la sociedad.

Alfonso Valenzuela
Andrews University
Otoño de 1996

Capítulo 1

No es bueno estar solo

Carlos y Alicia habían llegado por fin al momento tan esperado y para el cual se habían preparado desde hacía mucho tiempo. Parecía un sueño, un sueño muy hermoso. Todo se veía tan bien y bonito en la boda, tan adornado y primorosamente arreglado.

Carlos recordó por un momento todo lo que había ocurrido en los últimos dos años y medio. Se sentía orgulloso al decir que fueron los años más felices de su vida. Alicia, por su parte, también se sentía la mujer más feliz. Estar con Carlos era para ella lo mejor del mundo, y el saber que ahora estarían juntos para siempre la llenaba de una inmensa emoción.

Carlos y Alicia experimentaban el sentimiento tan especial de aquellos que al fin han hallado su "ayuda idónea". Creían realizadas sus ilusiones y satisfecha la necesidad que casi todo ser humano tiene de establecer un hogar con la persona que, por considerarla su "otra mitad", le permitirá alcanzar la absoluta plenitud; ese ser que llena el vacío que se observa cuando está ausente el complemento humano con el cual se comparten las intimidades y las experiencias de la vida, aquellas que no se pueden compartir con nadie más.

No es bueno que el hombre esté solo

En el comienzo mismo del relato bíblico se nos indica que el ser humano fue creado con el deseo innato de buscar un compañero o compañera para establecer un hogar. "No es bueno", dijo Dios, "que el hombre esté solo". Y le hizo su compañera, su "ayuda idónea". Sólo entonces Adán se constituyó en un ser completo.

El problema se presenta cuando no se encuentra "la ayuda idónea", sino a alguien que no lo es. Para muchos el cónyuge llega a convertirse más bien en un estorbo que en una ayuda. Aquí es cuando se dice que más vale estar solo que mal acompañado.

Y esto se debe a que no se atendió una tarea a su debido tiempo. No se procuró seguir los pasos de un buen noviazgo. Los que tienen malos noviazgos generalmente reportan malos matrimonios. Los que se llevaron mal durante el noviazgo o se casaron sin haber tenido un buen noviazgo, disminuyen inmensamente las posibilidades de tener una vida matrimonial feliz. Muchos comienzan mal desde el principio. Y el que mal comienza, mal termina.

Carlos y Alicia estaban ahora delante del ministro prometiéndose el uno al otro "tomarse como esposos, para vivir juntos como lo ha instituido Dios en el santo estado del matrimonio. Amarse, consolarse, honrarse, protegerse en la enfermedad y la salud; y, renunciando a todos los demás, guardarse sólo para ellos mientras ambos vivieren". Con mucha seguridad cada uno contestó: "Así lo prometo".

Durante el sermón el ministro citó las hermosas palabras de Tertuliano, las cuales han inspirado a muchas parejas a través de los siglos:

> Cuán hermoso es el matrimonio de dos cristianos, dos que son uno en esperanza, uno en deseo, uno en la forma de vida que siguen, uno en la religión que practican. Nada los divide, ni en carne ni en espíritu. Oran juntos, adoran juntos, ayunan juntos; se instruyen el uno al otro, se animan el uno al otro, se fortalecen el uno al otro. Uno al lado del otro visitan la casa de Dios y

> toman parte de los banquetes divinos; juntos encaran dificultades y persecuciones y comparten su consolación. No tienen secretos el uno para el otro; nunca evitan la compañía el uno del otro; nunca traen tristeza al corazón del otro. Visitan al enfermo y asisten al necesitado. Se cantan salmos e himnos el uno al otro, procurando siempre alabar bellamente al Señor. Escuchando y viendo esto Cristo se regocija. A los tales les confiere su paz. (William J. McRae, *Biblioteca Sacra*, 1987).

Cuando el papá "entregó" a Alicia, sintió que se le hacía un nudo en la garganta. La mamá parecía desmayarse al ver a su "niñita" "irse para siempre". ¡ Qué agonía sin salida la de los padres: sufren si se les casan los hijos y sufren si no se les casan! Pero ninguno de estos sufrimientos es comparable, desde luego, con la terrible agonía de verlos fracasar en su vida matrimonial.

¿Qué les esperaba a Carlos y Alicia en su nueva vida de casados? ¿Cómo les resultaría el viaje a los tripulantes de esta pequeña embarcación, que se lanzaban a navegar en el océano de la vida? ¿Sobrevivirían a las tormentas o serían destrozados por la furia de los problemas que encontrarían en la travesía? Decididos a triunfar a toda costa, ¡cuánto deseaban la felicidad! Y sin embargo las estadísticas estaban en su contra. Carlos y Alicia podían ser ese matrimonio de cada dos que sucumbe en el divorcio en el curso de los siete primeros años.

El Dr. J. Carl Laney en su libro *The Divorce Myth*, el cual es un tratado teológico sobre el divorcio, nos dice que el Census Bureau de los Estados Unidos reporta que en 1920 había un divorcio por cada siete matrimonios; en 1940 había un divorcio por cada seis matrimonios; en 1960, un divorcio por cada cuatro matrimonios; en 1977, un divorcio por cada dos matrimonios. Hubo 1,130,000 divorcios en 1978; es decir, un aumento de 39,000 sobre 1977. En 1979 el incremento fue de 40,000. Entre 1967 y 1977 se duplicó el número de divorcios. En la década 80 la proporción de divorcios fue del 53 por ciento. Al paso que vamos, dice Laney, pronto habrá un divorcio por cada matrimonio.

Y con ese récord, ¿quién quiere entonces casarse? Pues nada

menos que la gran mayoría. Un porcentaje muy alto llega tarde o temprano ante el altar. Se estima que el 96 por ciento de la población se casa, y de los que se divorcian, más de la mitad se vuelve a casar; lo cual indica que el ser humano está completamente entregado a la idea del matrimonio y esto se debe, sin duda alguna, a los beneficios que le brinda. La Dra. Solomon nos dice que a pesar del dolor experimentado por los que se divorcian, el matrimonio continúa siendo la relación favorita para la mayoría de los hombres y mujeres, ya que en nuestra sociedad esta relación provee oportunidades que satisfacen las necesidades de intimidad y seguridad.

Pero a pesar de las ventajas que tiene la vida matrimonial, parece que de alguna manera los matrimonios modernos no dan en el blanco. William Lederer y Don Jackson, después de una extensa investigación, informan en su libro *Mirages of Marriage* que apenas entre el 10 y el 15 por ciento de los matrimonios gozan de una relación feliz. Muchos matrimonios llegan a descubrir en su relación temprana que eso no era exactamente lo que deseaban o buscaban en la vida. El sociólogo Mervyn Cadwallader, en *Intimate Life Styles*, nos dice lo siguiente acerca de los matrimonios contemporáneos:

> La verdad que observo es que los matrimonios contemporáneos constituyen una institución destrozada. Hacen que desaparezca el afecto voluntario y el amor que se imparte desinteresadamente y se recibe con gozo. Los romances hermosos se transforman en matrimonios aburridos y eventualmente la relación se torna corrosiva y destructiva. El hermoso asunto amoroso se convierte en un amargo contrato (p. 134).

Aquello que pudo haber sido tan bello y una gran bendición, se convierte en una terrible maldición. Y muchos, desde luego, terminan divorciándose. En 1988, el National Center for Health Statistics reportó que las dos terceras partes de los divorcios ocurren durante los primeros 10 años de matrimonio con una duración promedio de 7 años.

Aflicción de la carne

Y es que la vida matrimonial no es fácil. No sólo es difícil encontrar la ayuda idónea, sino que lo es también adaptarse a ella. El apóstol San Pablo nos advierte que los casados "tendrán aflicción de la carne" (I Corintios 7:28). Esta aflicción comienza muy temprano en el matrimonio, muchas veces durante la misma luna de miel. Es lo que se conoce como el período del ajuste: Dos cabezas que tratan de ponerse de acuerdo casi en todo, lo cual es verdaderamente difícil si no imposible.

Para una gran mayoría la luna de miel termina demasiado temprano. La proporción de "miel", tan importante en una relación matrimonial feliz, comienza a disminuir drásticamente desde cuando se tienen las primeras desavenencias matrimoniales, las cuales aparecen con frecuencia apenas celebrada la boda o a los pocos días de casados. Y así, prematuramente, se produce el deterioro de la relación.

Romeo y Julieta se van de luna de miel y a los pocos días Romeo se vuelve contra Julieta o viceversa, y el hogar se convierte en un verdadero campo de batalla. Una guerra donde no hay ganadores, sino sólo perdedores.

Los problemas matrimoniales más comunes

¿Cuáles son las dificultades que causan más rencillas entre las parejas de casados? ¿Cuáles son los problemas matrimoniales más comunes? Se ha encontrado en diferentes estudios, principalmente en los realizados por Beck y Jones, que los principales problemas dentro del matrimonio, en orden de incidencia, son los siguientes:

1. Comunicación. Este es el problema número uno que reporta la gran mayoría, el 86.6%. Esto se debe a la falta de comunicación o a la mala comunicación entre los cónyuges. La comunicación es de gran importancia, ya que hablando se entiende la gente; pero sin comunicación, ni diálogo, es muy difícil la solución de los conflictos. Todo matrimonio debería hacer serios esfuerzos para mejorar la comunicación entre ambos miembros. El Dr. Norman

Wright considera la comunicación como el pilar más importante en la relación matrimonial.

2. Hijos. En segundo lugar se presentan los problemas relacionados con los hijos. Aunque este problema no es tan frecuente como el anterior, casi la mitad de las parejas, el 45.7%, expresa tener problemas serios en esta área. Los hijos traen una felicidad muy grande al hogar, pero con esa felicidad vienen también problemas tales como la educación, la disciplina, el tiempo, la falta de privacidad y otros. Los hijos que llegan a la adolescencia producen mayor estrés en la relación matrimonial. La decisión de tener hijos debería estar acompañada del serio compromiso de prepararse lo mejor posible para la tarea de la paternidad.

3. Sexualidad. El tercer lugar en la lista de los problemas matrimoniales más comunes lo ocupa la relación íntima entre el esposo y la esposa. Muy cercano al problema anterior, la sexualidad reporta una frecuencia de 43.7%. Este elemento, que hace de "dos personas una", desempeña un papel primordial en el matrimonio, al punto que cuando algo anda mal en este aspecto, se afecta todo lo demás. Las parejas deberían prestar mucha atención a la educación sexual.

4. Finanzas. La situación financiera en el matrimonio no se queda muy atrás, ya que el 37% de las parejas informa tener dificultades en esta área. Los problemas surgen en lo relacionado con el control, las decisiones, los gastos, ahorros, presupuestos y muchas otras cosas más. Mientras la pareja no se ponga de acuerdo en cómo administrar eficazmente sus entradas y controlar las salidas, no gozará de paz ni felicidad, ya que el horrible fantasma de la deuda los asechará siempre y proyectará sombras sobre los demás aspectos de la relación.

5. Recreación. Los problemas relacionados con la recreación matrimonial indican una frecuencia de 32.6%, lo cual quiere decir que un buen número de parejas considera muy importante el aspecto recreativo. La recreación incluye el pasar tiempo juntos paseando, jugando, divirtiéndose; en fin, son las inversiones personales de tiempo y esfuerzo (y a veces de un poco de dinero) para fortalecer la unión de la pareja.

6. Familiares. Este problema, que afecta al 28.4% de parejas, tiene que ver con la forma como la pareja se relaciona con sus familiares. Puede consistir en la falta de relación con los familiares o en la intromisión de ellos en la vida íntima de la pareja. Este problema está en relación directa con el nivel de proximidad física, financiera y emocional que la pareja tenga con los demás miembros de la familia.

7. Infidelidad. La infidelidad conyugal ocupa el séptimo lugar en este estudio, según el cual el 25.6% de las parejas reveló tener serios problemas.

8. Quehaceres domésticos. El 16.7% de los casos de este estudio nos hace recordar la importancia que para algunos matrimonios tiene el hecho de que se ayude en los quehaceres del hogar, como el lavado de ropa, de la vajilla; el despolvar, la preparación de la comida, etc. La lista es interminable y la ayuda que muchas esposas necesitan y esperan está en la misma proporción. En contraste, otros estudios indican que las esposas que reciben ayuda de sus esposos en los quehaceres domésticos, sienten que verdaderamente las aman.

9. Abuso físico. En el punto bajo de esta lista quedó el problema del abuso físico. Aunque en este estudio sólo el 15.6% mostró tener este tipo de problemas, parece que en los últimos años el mismo ha ido escalando peligrosamente, y muchas más parejas están experimentándolo.

La violencia doméstica puede ocurrir desde el punto de vista emocional, físico y sexual. La violencia emocional incluye malas palabras, interjecciones, insultos, regaños; es el menos referido a las autoridades, aunque no por ello sea el menos destructivo. La violencia física tiene que ver con empujones, pellizcos, mordeduras, golpes, puntapiés; y así como es un crimen cometer esto con el vecino, o con la esposa del vecino, lo es mayor hacerlo con nuestro prójimo más cercano: nuestro cónyuge. Cuando se presentan cargos de abuso contra alguien, el castigo generalmente es la cárcel. La violencia sexual es el forcejeo sexual que produce no la incitación o el placer sino el dolor que se inflige, y esto, a menudo, ocurre en el matrimonio. ¿Abuso sexual en el matrimonio? ¿Que no puede hacer el esposo con la esposa lo que se le ocurra sexualmente? Han habido ya varios casos en los Estados Unidos en que se los ha hallado culpables a los esposos de abuso sexual con sus esposas. Así que ni con la esposa ni con los hijos se puede hacer lo que a uno se le ocurra.

10. Otros problemas, de naturaleza distinta a los anteriores, ocuparon el décimo lugar con una frecuencia del 8%.

Todo matrimonio debería, por lo tanto, tomar en cuenta estas áreas para lograr la armonía que les procurará una mayor felicidad.

Podemos tener matrimonios felices

Aunque gran parte de los matrimonios modernos están pasando por circunstancias muy críticas, no todos, sin embargo, tienen que sufrir esas serias situaciones. Es decir, se puede, realmente, tener un hogar feliz si lo deseamos sinceramente y hacemos todo lo que esté de nuestra parte para lograrlo.

En el libro *We Can Have Better Marriages If We Really Want Them*, los autores David y Vera Mace, quienes han escrito mucho acerca de la vida matrimonial y familiar, concuerdan con Lederer y Jackson en que solamente una proporción pequeña de matrimonios llegan a considerarse como realmente buenos. Añaden que probablemente el noventa por ciento se conforma con algo mucho menos de lo que podría tener, y que, evidentemente, podría hacer algo al respecto.

Todos podemos hacer algo al respecto. Todos podemos mejorar nuestra vida matrimonial y familiar. La intención de esta obra es ayudar al lector a ir en ese camino.

¿Qué factores están presentes en los matrimonios de alta calidad? ¿Cómo se pueden lograr matrimonios felices? ¿Cuáles son los ingredientes que constituyen un matrimonio feliz? Eso será lo que consideraremos en el próximo capítulo.

Capítulo 2

La honra del matrimonio

El principio de las relaciones interpersonales se inició con la institución del matrimonio. Los primeros dos seres humanos que se encontraron en esta tierra llegaron a ser directamente marido y mujer. No se menciona que hubo amistad ni noviazgo, sino el mismo matrimonio. El matrimonio fue una idea de Dios. Es de origen divino y fue dado para nuestro beneficio; no sólo para la perpetuación de la especie humana, sino para nuestro bienestar total. Por eso distintas encuestas han encontrado que los casados experimentan más felicidad en su vida en general que los que no están casados.

El matrimonio fue creado con principios muy altos y nobles y por eso su Hacedor nos dice que es algo que debemos considerar con mucha honra, gran respeto, y jamás en forma liviana o descuidada.

El problema de muchos esposos es que no le dan al matrimonio el valor que éste merece, y por lo tanto lo deshonran. Deshonran el matrimonio muchos que dan este paso sin tener en cuenta las responsabilidades que involucra. Se lo deshonra cuando los contrayentes avanzan en esta dirección sin considerarlo como un compromiso serio y de por vida. Se lo deshonra cuando los contrayentes no procuran la felicidad mutua. Y el matrimonio es más que deshonrado, cuando los esposos deciden anularlo. Tal matrimonio es una desgracia y una vergüenza no solamente para sus contrayentes, sino también para todos los involucrados: los hijos, familiares y amigos. Lo es también para la sociedad, la nación y la raza humana.

Lo honroso del matrimonio consiste en su misma naturaleza, la cual, como queda dicho, es de origen divino. Es una relación y compañerismo muy hermosos, el medio de procreación y continuidad de la raza humana y el trato más íntimo que pueden experimentar dos seres humanos. El fomentar cada uno de estos aspectos es lo que hace que el matrimonio sea honrado por sus contrayentes. La pareja que hace el máximo esfuerzo por lograr que su matrimonio sea la experiencia más significativa y excelsa, lo honra como tal y se pone de acuerdo con el deseo de Dios.

Se honra el matrimonio cuando se lo tiene en gran estima y por lo tanto se lo considera no sólo como la relación más importante sino como un compromiso perenne y por toda la vida. Un compromiso donde no existen desertores sino vencedores de cualquier problema o dificultad que se presente en el camino. Se honra el matrimonio no solamente cuando se goza debido a que todo anda bien, sino cuando aun en las malas los esposos procuran a toda costa la felicidad mutua. Repito, en las buenas y en las malas.

El matrimonio es una delicia cuando los esposos gozan juntos de las cosas buenas. Y las cosas malas pasan más fácilmente cuando se cuenta con el apoyo y la compañía del cónyuge.

Elementos importantes en un matrimonio feliz

¿Qué factores deben estar presentes para lograr un matrimonio de éxito? ¿Qué cosas se deben lograr para que exista en el hogar un matrimonio feliz? Las respuestas a estas preguntas son básicas para todo matrimonio. A continuación notaremos aquellas que son consideradas como las más sobresalientes. Echemos un vistazo a los elementos imprescindibles que ayudarán a fortalecer toda relación matrimonial.

Todos podemos mejorar

En primer lugar debemos tener la seria convicción de que realmente podemos hacer algo para mejorar nuestro matrimonio. No hay dificultad ni situación que no puedan arreglarse cuando la pareja decide presentar un frente unido. No se conoce ninguna situación en la que se pueda decir: de ésta no hay salida.

Con la excepción, tal vez, de la muerte de uno de los cónyuges, no hay dificultad que tenga un carácter letal para la relación matrimonial. Todo problema tiene solución; todo enredo, desenredo. Y los esposos no sólo pueden, sino deben procurar hallar juntos la solución de los problemas que confrontan en su camino. La huida es para los cobardes; el desaparecer, para los desertores; el dar la espalda, para los malagradecidos; el abandono, para los ingratos; y el "no hay nada que podamos hacer para mejorar", para los ignorantes.

La familia se fortalece mejorando el matrimonio

El principio del mejoramiento familiar se encuentra en el matrimonio. No podemos mejorar la relación familiar a menos que comencemos con el matrimonio. Como una ley invariable, los buenos matrimonios producen buenas familias. No habrá armonía ni felicidad en el hogar si hay guerra y amargura entre los esposos. Cuando papá y mamá se lleven bien, habrá bienestar general entre todos los miembros de la familia.

Los inescapables problemas familiares se solucionarán más efectivamente cuando los esposos presenten un frente unido a esos problemas, como lo afirmamos en la sección anterior. Para uno solo la tarea es difícil, si no imposible. Y cuando el otro no sólo no ayuda sino que, además, estorba, la situación se vuelve insoportable. Y esta es la triste condición de muchos hogares modernos: los grandes problemas familiares tienen sus raíces en el hecho de que los esposos no se llevan bien. El fortalecimiento del hogar, por consiguiente, debe comenzar con la armonía en el matrimonio.

Tiempo para conocerse

La queja de muchos esposos es que no pasan suficiente tiempo juntos, y esto es, naturalmente, algo que debe remediarse, ya que el compañerismo que se requiere para una relación matrimonial feliz demanda mucho tiempo para conocerse mejor, para conversar, para planear, etc.

Se requieren largos momentos para conocerse tanto antes como después de casados. Esto, desde luego, supone preparación, deseo e interés; pero es de suma importancia el pasar juntos conociéndose tanto como se pueda. Y ésta, en definitiva, es la tarea de toda la vida.

Para lograr este objetivo la pareja necesita poner en su calendario las vacaciones que tomarán juntos, los paseos, las salidas especiales, etc. Se necesita contar con actividades exclusivas para la pareja, tal como ir a caminar, dedicar un día a la semana para salir a desayunar o a cenar; cada pareja deberá pensar y programar las actividades de interés común. Se recomienda altamente que los esposos salgan en "mini lunas de miel": Unas dos o tres veces por año los esposos salen solos a algún lugar donde sin distracción alguna se concentran el uno al otro. Desde luego que todo esto significa tiempo, dinero y esfuerzo, pero ¿no será ésta la inversión más importante de nuestra vida? Prestémosle, por lo tanto, la mayor atención de nuestra parte.

Es esencial el cultivo de diversos intereses comunes a ambos. Aunque cada uno generalmente tiene ciertas preferencias personales, se deben atender aquellas actividades donde los dos participen. Esto unirá indisolublemente a la pareja.

El gran enemigo: el apresuramiento

El enemigo número uno de la vida familiar es el apresuramiento. Apresuramiento primero para casarse y apresuramiento después para divorciarse. Generalmente los que se casan apresuradamente terminan divorciándose con la misma rapidez.

El apresuramiento evita el empleo del tiempo suficiente para conocerse y darse cuenta si la persona con la que se planea casarse es la indicada. El apresuramiento también impide el ajustarse y el aprender a resolver juntos los problemas de la vida matrimonial. La relación matrimonial requiere de grandes porciones de tiempo y no da lugar para actuar apresuradamente. Especialmente cuando la pareja está pasando por problemas difíciles, debe evitarse a toda costa el tomar decisiones rápidas.

Es indispensable pesar bien la situación, considerar seria y calmadamente las alternativas, buscar el consejo necesario y tratar de actuar cuando se esté absolutamente seguro; como se ve, para lograr esto, no se puede proceder de modo apresurado.

Consejo profesional

Muchas parejas menosprecian los inmensos beneficios que se pueden recibir de un perito en materias tales como consejo prematrimonial y matrimonial, programas de enriquecimiento y encuentros matrimoniales. Estas ayudas están disponibles para las parejas y pueden ser de gran utilidad en las distintas etapas de la vida individual y matrimonial. Y no se debería esperar el surgimiento de serios problemas para buscar la orientación profesional. En muchas ocasiones, cuando se la halla, es demasiado tarde.

Creo sinceramente que nadie debería casarse sin antes participar de sesiones de consejo prematrimonial. El Dr. Wright reporta un estudio que se realizó entre matrimonios que se sometieron al consejo prematrimonial. De los que tomaron siete o más sesiones, el 75% respondió que había sido de gran ayuda para su matrimonio. De los que participaron en cinco reuniones, el 53% también respondió que había sido de gran ayuda. El 31% de los que participaron en dos sesiones, y el 15% en una sesión, informaron haberles sido de ayuda. Por lo tanto, cuanto más sesiones de consejo prematrimonial se tengan, será mucho mejor para la pareja.

Romanticismo

Aunque no todo es romántico en el matrimonio, éste no

sobrevivirá sin una gran dosis de romanticismo. No importa que lo romántico para muchos, particularmente los hombres, sea algo ridículo y pasado de moda, la verdad es que tiene mucho que ver con la felicidad matrimonial. Las atenciones personales, los elogios, las caricias, el fijarse en los detalles, etc. son la chispa que mantiene encendida la llama del amor en el matrimonio. Cada pareja debería esforzarse seriamente en rendir atenciones a su cónyuge demostrándole así que realmente lo ama.

Detalles tales como llamarle por teléfono a casa o al trabajo sólo para decirle: "Te amo", tienen gran efecto. Es necesario decirle frecuentemente "te amo", sea en el idioma que sea, y nunca dar por sentado que el esposo o la esposa ya saben que se los ama, así que no habría que gastar tiempo en decírselo de nuevo. Escribirle a la esposa notas, mandarle flores, comprarle monos de peluche, llevarle chocolates, invitarla a salir a caminar tomados de la mano, salir solos a tomar un refresco... en fin, todo aquello que la haga sentir amada, única, especial, es un efectivo recurso romántico.

Desde luego lo que es romántico para algunos tal vez no lo sea para otro; de allí la importancia de que la pareja hable al respecto y sepa qué es lo que cada uno debiera hacer para fomentar esta práctica entre ellos.

Características de los matrimonios felices

¿Qué es lo que hace feliz a un matrimonio? ¿Qué características se consideran como las de mayor importancia para tener un matrimonio feliz? ¿Cómo obtenerlas en todo matrimonio? En una encuesta que realicé entre esposas, hallé las siguientes respuestas a las preguntas anteriores:

1. La característica que ocupó el primer lugar en la lista fue la comunicación que debe haber entre los dos miembros de la pareja. Deberían estar dispuestos el uno y el otro a hablar franca y honestamente de los problemas con el fin de solucionarlos. Hay quienes sencillamente no se comunican y hay otros que cuando se comunican, lo hacen mal. La comunicación juega un papel de gran importancia en toda relación interpersonal, ya que, como dice Vir-

ginia Satir, es lo que hace o destruye las relaciones. El Dr. Norman Wright considera la comunicación como la clave para un matrimonio feliz. Así que toda pareja debería obligarse a mejorar su comunicación y a usar más tiempo hablando y conversando.

2. Como segundo lugar en importancia se mencionó el amor mutuo y las expresiones de cariño, no sólo con palabras sino con hechos. Caricias, besos, abrazos, tomarse de la mano, etc. Hacer todo lo que hace una pareja que está realmente enamorada.

3. En tercer lugar se mencionó la importancia de la religión en el hogar. Que Cristo sea el centro, que todo lo demás vendrá por añadidura. Esto incluye, desde luego, los cultos familiares, la lectura de la Biblia, la asistencia a la iglesia y la oración.

4. En cuarto lugar, el respeto mutuo, el entendimiento y la comprensión entre los cónyuges. El ser conscientes de las cargas y responsabilidades que cada uno lleva y el ayudarse el uno al otro lo más posible.

5. En quinto lugar, la atención a la situación financiera del hogar. El procurar la mayor solvencia económica posible mediante la planificación y ejecución de un presupuesto familiar.

6. Se mencionó también la importancia de tomar tiempo para estar juntos como pareja. A pesar de las distintas obligaciones que impone el trabajo y los quehaceres del hogar, es imprescindible el que la pareja tome tiempo para pasar juntos y fortalecer su relación.

7. Finalmente el recrearse y divertirse juntos. Parte del pasar el tiempo juntos deberá incluir la recreación y la diversión entre ambos.

Florence Kaslow y Lita Schwartz realizaron un extraordinario estudio acerca de la dinámica que lleva a muchas parejas al divorcio. En su libro *The Dynamics of Divorce, a Life Cycle Perspective*, concluyen con trece características que descubrieron que están presentes en los matrimonios sanos y felices:

1. Los cónyuges de un matrimonio feliz son individuos fuertes, pero que se sienten más fuertes como pareja. A veces disfrutan de la soledad, pero a menudo sienten placer en la compañía mutua y se sienten fortalecidos con la cercanía del otro.

2. Se divierten el uno con el otro. Se ríen juntos de las pequeñas absurdidades de la vida. Y sacan tiempo para jugar, asegurándose de que toman vacaciones juntos y salen juntos por las noches.

3. No se dan por sentado el uno al otro. Intuitivamente estas parejas saben que para permanecer siendo importantes el uno para el otro, deben pasar tiempo juntos.

4. Respetar la intimidad del cónyuge. Están interesados en las actividades de cada uno, pero si uno de ellos quiere hacer algo solo, el otro no se interpone.

5. Se sienten cómodos jugando, por ejemplo, tenis o golf sin tener que confrontar acusaciones tales como "no me amas", o "eres desconsiderado".

6. Las parejas sanas y felices no tratan de llegar a ser exactamente iguales el uno como el otro. Cada uno sabe que es distinto.

7. No esperan que su matrimonio sea una navegación tranquila. Saben que la vida tiene sus altibajos y anticipan los problemas de salud o los relacionados con el trabajo.

8. Tienen un alto nivel de confianza. Esta confianza les ayuda a resolver problemas sobre cosas tales como el dinero o los celos. Y aunque uno de ellos viole la confianza, su cónyuge se puede sentir seguro de que no ocurrirá otra y otra vez.

9. No suponen que los conflictos se solucionarán solos. Continuamente trabajan para mejorar la comunicación entre ellos.

10. Mantienen el sexo en perspectiva. Para ellos el sexo es una expresión de afecto, pasión y amor, no un arma que se usa para salirse con la suya o para arreglar conflictos.

11. Están al tanto de sus necesidades mutuas. Se animan el uno al otro a crecer y a cambiar.

12. No esperan que el compañero conozca automáticamente sus pensamientos, así que hablan cuando tienen algo en mente.

13. Finalmente, las parejas felices tienen mentes y actitudes positivas. Sienten que están contribuyendo a la relación matrimonial el uno al otro, sin cambiar nada por esa relación ni por el compañero.

Mirando al futuro

Es muy probable que tu matrimonio no es lo que debiera ser o lo que quisieras que fuera. Tal vez se quede muy corto frente a lo que los matrimonios felices dicen que son, como vimos en las listas anteriores. Pero con la ayuda de Dios y la determinación de ambos, tu matrimonio puede llegar a ser una verdadera bendición. ¿Cómo se puede cambiar para bien? ¿Cómo se pueden lograr los cambios necesarios? ¿Se puede mirar el futuro con optimismo en espera de esos cambios en la relación matrimonial?

Varios matrimonios que se hallaban al borde del desastre han demostrado que se puede dar un giro en la dirección opuesta y han logrado salvarse. Para que esto se traslade a la realidad, será indispensable cumplir ciertas condiciones. Veámoslas.

Los dos deben desear preservar su matrimonio

He descubierto que muchas esposas vienen por consejo procurando arreglar su matrimonio. Pero qué difícil es, en la mayoría de los casos, lograr que el marido acuda también a las sesiones. Y, sin embargo, si los dos no están presentes, será muy limitado el bien que se pueda lograr. Para que un matrimonio marche, se necesita la colaboración de los dos. Uno solo no lo puede lograr. Cuando uno de los dos se da por vencido o está decidido a terminar la relación matrimonial, difícilmente se podrá hacer algo al respecto. Es imperioso que ambos deseen salvar el matrimonio. Uno solo, lo acentúo, no puede hacerlo.

Me produce mucha tristeza ver a las esposas que desean mejorar su matrimonio, pero que los esposos no desean hacerlo. Y aunque saben muy bien que todo anda mal, insisten en que no necesitan ayuda, o en que todo anda bien y que los problemas pasarán por sí solos.

Un matrimonio feliz requiere del esfuerzo constante de ambos contrayentes. Tanto el esposo como la esposa necesitan poner todo lo que esté de su parte para lograr que la otra persona sea verdaderamente feliz.

Todo cambio produce estrés

Cuando la pareja determina que debe cambiar en ciertas áreas de su relación matrimonial, es importante recordar que, naturalmente, las personas se resisten a todo tipo de cambio y que, por lo tanto, se originarán ciertos factores estresantes cuando se lo busque. Todo sistema, aun los matrimoniales y familiares, procura siempre mantener un equilibrio que se conoce con el nombre de homeóstasis. Siempre que se produce algún cambio, se produce tambien un desequilibrio, lo cual genera reacciones estresantes dentro del sistema.

El comportamiento es el resultado del carácter y muchos hábitos negativos se han formado al paso del tiempo, así que, deducimos, no se podrá esperar ningún cambio de la noche a la mañana. Es importante darse cuenta y reconocer que ciertas manifestaciones de mal genio, olvido, incluso algunas recaídas, son parte integral de todo cambio.

Juntos en el cambio

La pareja que desea hacer los cambios necesarios en su relación matrimonial, debe encontrar formas de apoyarse el uno al otro. Especialmente el cónyuge de quien se esperan los cambios, necesita darse cuenta de que tiene el apoyo del otro, y saber que éste se halla a su lado para obtener la victoria juntos.

Se requiere la ayuda del otro para recibir ánimo en los momentos difíciles, dirección en las encrucijadas, consuelo en el dolor, aliento ante el desánimo, corrección en las equivocaciones, compañía en la celebración del triunfo.

Comunicación de amor y compromiso

En los momentos difíciles por los que pasa todo matrimonio, cuán importante es comunicar al otro la experiencia que se está pasando y el recordarse lo mucho que se aman y que a pesar de todo habrán de triunfar juntos. Así como las palabras duras, hostiles y negativas causan mucho daño en cualquier relación, especialmente la matrimonial, de la misma forma las palabras de seguridad, amor, cariño y confianza ayudan poderosamente en el fortalecimiento de la relación, en la solución de problemas y en el incremento de la paciencia y fortaleza para sobrellevar los conflictos y dificultades.

¿Qué ingredientes para la felicidad cree que necesita su matrimonio?

____

____

____

¿Qué tipos de cambio deben realizarse en su familia para tener un hogar feliz?

____

____

____

Haga una lista de las cosas que usted cree que le gustan a su esposo o a su esposa:

____

____

____

Presente la lista anterior a su esposo o esposa. ¿Está él o ella de acuerdo? ¿Qué cosas hace usted que le gustan a su esposo o esposa? ¿Qué cosas que le gustan no las hace?

Características de los matrimonios felices

Varios estudios, especialmente los de Sussman y Steinmetz en su monumental obra *Handbook of Marriage and the Family*, indican que los matrimonios con niveles altos de felicidad, muestran las siguientes características:

1. Entradas financieras adecuadas en que el esposo gana más que la esposa. Las finanzas juegan un papel muy significativo en la felicidad matrimonial. Si las entradas son adecuadas habrá desde luego menos tensiones financieras y lo que es muy interesante, una mayor estabilidad cuando el esposo gane más que la esposa.

2. Mutuo acuerdo acerca de la preeminencia de la profesión del esposo. El alto grado de felicidad conyugal está en relación directa con este reconocimiento debido, probablemente, al papel que desempeña el esposo en la relación matrimonial. Esto es más obvio cuando al esposo se lo promueve en el trabajo, aunque tenga que mudarse a otro lugar.

3. Los esposos apoyan la carrera de la esposa ayudándola a superarse y a encontrar satisfacción en su profesión o en cualquier tipo de trabajo que desempeña. También se la apoya cuando quiere terminar sus estudios o comenzar algún curso.

4. Después de la tormenta familiar que producen los hijos adolescentes, viene la calma matrimonial.

5. Una vida social satisfactoria. Los matrimonios felices se preocupan por tener amigos; amigos en general y amigos íntimos, para llevar una vida social satisfactoria donde puedan encontrar apoyo y distracción de los problemas de la vida, especialmente los que tienen que ver con situaciones familiares.

6. Esposos comprensivos acerca del estrés de las esposas. Para poder comprender al cónyuge, sus situaciones estresantes, y las dificultades por las que pasa, hay que mostrar interés en averiguar y descubrir la causa. Los quehaceres del hogar, el cuidado de los hijos, el trabajo, etc., todo esto desencadena grandes tensiones en la vida de las esposas. En los matrimonios felices los esposos están conscientes de esas tensiones y las comprenden mostrando

compasión mediante la ayuda necesaria que se brinda.

7. Buenas relaciones sexuales. La sexualidad es parte integral del matrimonio. Como veremos después, se pueden tener buenas relaciones sexuales sin tener un buen matrimonio, pero no se puede tener un buen matrimonio sin buenas relaciones sexuales. Ésta es una área muy especial y delicada en la cual se debe tener mucho cuidado y se le debe brindar la atención debida.

8. Comunicación de problemas relacionados con el trabajo de ambos. Cuando generalmente uno es el que cuenta los problemas de su trabajo dominando casi toda la conversación, no se permite el intercambio correcto de comunicación. Y es importante que ambos hablen de lo que ocurre en el trabajo, debido a la importancia que tiene en la vida familiar y a que ocupa gran parte del tiempo.

9. Complemento y compartimiento de roles. Desde pequeños se nos enseña que los hombres hacen esto y las mujeres estotro. Que los hombres, por ejemplo, no deben lavar los platos y que las mujeres no deben cortar el césped. Que los hombres se encargan de los carros y las mujeres de la cocina.

Cuán importante, sin embargo, es compartir los roles de vez en cuando. Así no le será tan fácil al hombre decir "¿En todo el día sólo has arreglado la casa?", ni a la mujer: "¿Ya te cansaste y sólo arreglaste el carro?" Cuando se sepa por experiencia propia lo que significa desempeñar un rol, no se criticará tan fácilmente.

10. Compartimiento de distintas actividades. Las parejas felices disfrutan de actividades variadas que combaten el aburrimiento y proveen distracción y escape de las tensiones del diario vivir. Se gozan en participar juntos de las actividades que les gustan y experimentan nuevas actividades para descubrir si les agradan o no.

11. Los matrimonios felices son aquellos que cultivan un alto grado de compañerismo. El compañerismo en la relación matrimonial es de suma importancia, ya que permite que los esposos se consideren y se traten como los mejores amigos.

Cada pareja debería trabajar dedicadamente para encarnar la mayoría de estas características de un matrimonio feliz.

Capítulo 3

Desfile de esposos y matrimonios

Ahora echemos un vistazo a algo que creo que es fundamental e interesante: los distintos tipos de esposos y matrimonios que existen. Según sea el matrimonio, será la familia; y según sea el esposo, será el matrimonio. En términos generales, los buenos maridos producen buenos matrimonios.

Se han realizado comparaciones entre los distintos tipos de matrimonios y como resultado hay cosas dignas de destacar. En esta sección consideraremos los tipos de matrimonios más comunes y las ventajas y desventajas que ofrecen. Cabe afirmar, por supuesto, que el marido ideal y la esposa perfecta no existen. Siendo que todos estamos cargados de imperfecciones y fragilidades, es imposible que dos seres imperfectos produzcan una relación perfecta. Lo importante es que la pareja produzca en su seno una relación feliz, la relación más feliz de que sea capaz.

Antes de tratar acerca de los diferentes tipos de matrimonios, veamos primeramente, de modo general, los diferentes tipos de esposos del mosaico matrimonial. Basado en el trabajo del Dr. Joaquín Peñalosa, presento el siguiente "desfile de esposos".

El esposo domador

Encabezando el desfile se presenta el esposo domador. Tal vez éste sea el más común entre todos los maridos. Y es tan común y corriente que hace de su hogar y matrimonio un verdadero circo. Vive con el látigo en la mano y el grito en los labios. A él le pertenecen los derechos de afirmar o negar, de imponer y decidir. A la esposa y los hijos les toca callar, aceptar y obedecer. Sólo el esposo tiene voz y voto. Es dueño absoluto del poder ejecutivo, legislativo y judicial. Los demás miembros de la familia carecen de derechos, son perpetuos menores de edad, cabezas sin ideas, personas sin personalidad.

Este esposo dominante es de los que siempre ganan; y cuando pierde, arrebata. Termina no teniendo esposa, sino un objeto, una esclava, una mujer despersonalizada hecha un trapo, humillada, tímida, domesticada a fuerza de golpes de voz, sin que falten los de verdad.

Este estilo no es exclusivo de los "muy machos". Hay matrimonios en los que las esposas desfilan con la misma bandera. Ya se trate de machismo o de hembrismo, este tipo de cónyuge es sumamente destructivo en la relación matrimonial, ya que es egocéntrico, rasgo por demás negativo para la felicidad del matrimonio.

El esposo ejecutivo

Un poco menos abusivo que el anterior, este tipo de esposo es un poco más sofisticado, ya que en forma sutil se convierte en la única autoridad de la casa. Es el que dice y ordena todo lo que se va a hacer en casa. No es el tirano domador. No. Es el caudillo invicto, la alteza serenísima de su reino. Un reinado donde no hay reina, ni príncipes ni princesas, sino puros servidores del señor.

El marido ejecutivo es el monarca absoluto y el presidente sin parlamento. No comparte autoridad ni responsabilidad con la esposa. La mujer es una vasalla y los hijos los tributarios de su imperio.

El esposo ídolo

El que sigue en la fila es el tipo de esposo que quiere que se lo admire, que se le hagan todas las reverencias posibles y se lo sirva veinticuatro horas al día. La esposa debe vivir y morir para servirle.

Excesivo narcisista como los anteriores, este tipo de esposo demanda constante admiración para mantener su ego elevado hasta las nubes. Le gusta hacerse el enfermo, el sufrido o la víctima para recibir las atenciones necesarias, siempre y cuando esto no lo baje de su elevado pedestal del cual depende su estabilidad emocional.

El esposo "ángel de la guarda"

Este es el tipo de marido que malentiende o se aprovecha de su condición de protector y no considera a su esposa como su compañera e igual, sino como a una menor de edad, como a su hija, hecho que la convierte en su súbdita. Las intenciones son muy buenas, o por lo menos parecen muy sanas, santas y justas, ya que quiere ayudar y... hasta servir.

El problema consiste en que no quiere ayudar como un esposo, de igual a igual con la esposa, sino como un benefactor, de arriba hacia abajo. La ayuda y el servicio envuelven a la esposa entre pétalos de rosas; sólo que entre esos pétalos, la esposa desaparece.

El esposo Don Quijote de la Mancha

Éste ve gigantes enemigos donde sólo se mueven apacibles molinos de viento. Y a veces ve gigantes donde ni siquiera hay molinos. Es el esposo que con sus celos enfermizos empaña no sólo su mirada sino su relación matrimonial. Sufre y hace sufrir con sus invenciones, distorsiones y constante martirio.

Hace imposible la vida de la esposa, ya que se pone en pie de guerra cada vez que ésta se mueve, cada vez que suena el teléfono, cada vez que va de compras. No vive en paz y le hace la vida imposible a la esposa.

El esposo Sancho Panza

Este tipo de marido vive para sí, para sus amigos y sus compañeros. No tiene ninguna preocupación; se la pasa muy a gusto, como si no tuviera mujer ni hijos. Come, vive, duerme, se divierte. No reconoce obligaciones ni compromisos. La casada es su mujer. Tiene la mentalidad de solterón. Está para gozar de la vida, pero no con la familia; ésta le es un estorbo, especialmente la esposa. Su casa es para ir a comer y dormir. La esposa está para servirlo.

El esposo de dos casas

Es el marido de un corazón muy grande y de una fortuna gigantesca, casi del tamaño de su irresponsabilidad. Vive con su mujer y ama a otra. Una le lava la ropa y otra le lava el cerebro y los bolsillos. Es el pobre hombre insatisfecho como un niño, inmaduro como un adolescente, inestimable como un viejo.

El esposo de la esposa

Es el espécimen tal vez más raro de todos los maridos. Viene al desfile con la cabeza gacha y la mirada en el suelo. Parece lleno de vergüenza. La esposa le dijo que estuviera en el desfile. Es el que valdría la pena disecar y ponerlo en un museo dentro de una vitrina. Es el que trenza los dedos y dobla las manos y con ello toda su voluntad y persona ante la voluntad de la esposa. Se somete sin resistencia y anula su papel de esposo y padre.

El esposo compañero

Al final de la lista viene el tipo de marido que lleva la cabeza en alto, lleno de orgullo. Se lo ve feliz. Se negó a desfilar si su esposa no marchaba a su lado, tomados de la mano. Es el marido que reconoce que lo que ha logrado se lo debe en gran parte a ella; así que le da el lugar que merece. Se siente más feliz cuanto más a su lado está, asi que procura ir con ella por donde quiera que va.

Este tipo de marido busca en su mujer su otra mitad, la cual lo complementa. Ve que ella consigue el equilibrio de dos compañeros en el sube y baja de la vida matrimonial. Juntos integran un organismo que necesita de una cabeza, que es él; y de un corazón, que es ella.

Aunque éstos tal vez no sean todos los tipos de maridos que existen, sin duda alguna representan a los más frecuentes. Y aunque estas características son mayormente masculinas, no falta la excepción a la regla, y se dan también en ciertas esposas.

Habrá quienes no se conformarán sólo a una de estas categorías, sino que presentarán signos de varias. Sea como sea, estos tipos llegan a afectar en forma directa la relación y la estructura del matrimonio.

Tres tipos de matrimonio

Veamos ahora los tres tipos de matrimonio más comunes que se han identificado en la literatura de matrimonio y familia. Éstos se conocen como el tradicional, por ser el más antiguo y el más común; el moderno, que prevalece en nuestra sociedad actual; y el bíblico, o igualitario, que se presenta con características más prometedoras entre los que desean tener matrimonios felices. Notemos las características más sobresalientes de ellos.

El matrimonio tradicional

Conocido también como jerárquico, es tal vez el más común de todos. A través de los años se ha desarrollado como el más natural, el más frecuente y, quizá, el más experimentado, puesto que es exclusivamente de estilo patriarcal. Se basa en la jerarquía familiar que, como una gran cadena, se desenvuelve en torno al padre, el gran patriarca, y desde quien la autoridad pasa a la madre, luego a los hijos varones para terminar en las hijas.

Este tipo de matrimonio, señala Johnson Everett en su libro *Blessed be the Bond*, enfatiza autoridad, obediencia y servicio al patriarca, y paciencia y sumisión de parte de los demás miembros de la familia. No es que estas características en sí sean negativas o destructivas para la relación matrimonial. Al contrario; se necesita autoridad, obediencia, servicio, paciencia y sumisión en la relación familiar. El problema estriba en darle todo el poder, la honra y la autoridad a una sola persona, en deterioro, desconsideración y abuso de las demás.

No es difícil imaginarse la clase de esposos que llega a formar este tipo de matrimonio, y el trato que muchas veces reciben los demás miembros de la familia. Y debido a la gran influencia masculina que permea en muchas sociedades, no es de extrañarse que sea éste el tipo de matrimonio más común.

El matrimonio igualitario

De acuerdo con Jack y Judy Balswick en su libro *The Family*, este tipo de matrimonio es conocido también como el modelo bíblico, no porque sea el que se practica en el registro sagrado, sino por su contenido y naturaleza tan especial. Es el tipo de matrimonio que está en más armonía con los principios que señala la Palabra de Dios.

En este modelo, admirado por la gran mayoría de los escritores y consejeros matrimoniales, se enfatiza la igualdad ("egalitarian", en inglés, viene del francés que significa igualdad) y compañerismo entre los esposos, extendiendo cierto potencial amistoso hasta los hijos.

La característica principal de este modelo consiste en que los esposos son primordialmente amigos y se distinguen por su alto nivel de compañerismo. Son más o menos semejantes en poder y comparten la autoridad en la mayoría de las decisiones.

Johnson Everett indica que en este tipo de matrimonio la intimidad es valorada sobre la sumisión, y el compartimiento de roles sobre distinciones funcionales. En este modelo el matrimonio aparece como una clase distintiva de amistad.

El matrimonio moderno

Este tipo de matrimonio es el extremo opuesto del estilo tradicional. Tratando de huir del modelo abusivo que representa el tradicional, muchos se han ido al otro extremo, a un tipo de matrimonio que no reconoce jerarquías, pero tampoco límites ni responsabilidades; que carece del sentido de serio compromiso de parte de los contrayentes. Todo lo cual hace que el matrimonio sea susceptible y vulnerable a la disolución, ya que frente a la problemática o confrontación, los participantes están muy dispuestos a eliminarlo.

Se le conoce como moderno, porque es el tipo de matrimonio más común en la actualidad. Es el directo responsable de tantas separaciones y divorcios. Es casi como un matrimonio a prueba, donde los cónyuges van con la única expectativa de la satisfacción personal. Lo caracteriza la ausencia de hijos, los cuales son considerados casi como un estorbo; la búsqueda insaciable y a veces enfermiza de bienes materiales; y la satisfacción y felicidad personal por encima de todas las cosas. Por lo tanto, si el matrimonio no provee tal felicidad, la alternativa inmediata es el divorcio.

El tipo de matrimonio más satisfactorio

De los tres tipos matrimoniales anteriormente presentados, ¿cuál de ellos se considera el que produce más felicidad? El famoso psicólogo Augusto Napier en su obra *The Fragile Bond* nos presenta observaciones muy importantes acerca de los tipos de matrimonios y la influencia que éstos tienen sobre la felicidad del hogar:

> Estudios tras estudios confirman que el matrimonio igualitario es el modelo más satisfactorio para vivir. Se ha hecho este hallazgo en diversas culturas. El matrimonio tradicional (donde el esposo es el que domina) ocupa el segundo lugar en la escala de la satisfacción marital, y en varios estudios, no está muy lejos del igualitario. En ciertos estudios reportaron ser hasta más satisfactorios... Gray Little y Burks encontraron en casi cada

> investigación que el patrón matrimonial donde la mujer es la que domina en el matrimonio, es el menos satisfactorio para ambos cónyuges. Estos resultados son independientes del método de estudio y están confirmados en distintas culturas. Los sociólogos no están seguros de por qué estos matrimonios, los cuales son menos frecuentes que los otros, son universalmente infelices (pp. 118-119).

El investigador Kirchler en *Journal of Family Psychology*, reportó en 1989 que las publicaciones en materia de satisfacción marital señalan que las familias igualitarias son las más felices, mientras que los matrimonios dominados por las esposas tienden a ser los de menor satisfacción.

Un matrimonio feliz es aquel que no conoce el dominio absoluto ni la coerción. No conoce jerarquías ni se basa en favoritismos o preferencias. El matrimonio ideal reconoce la autoridad, el respeto y las responsabilidades, pero el aceite que lubrica todas las relaciones familiares es la cantidad excesiva y desmedida del amor. El amor en el matrimonio será el tema del siguiente capítulo.

Capítulo
4

El corazón del matrimonio

En la Palabra de Dios encontramos consejos muy oportunos para todos los matrimonios. Dios está grandemente interesado en que tengamos matrimonios felices; y el gran apóstol San Pablo en la carta a los Efesios, capítulo 5, nos da consejos de gran importancia que deben ser atendidos seriamente por todos aquellos que deseen hacer de su matrimonio la relación más extraordinaria de la vida.

Efesios 5 es el pasaje de las Escrituras que la mayoría de los ministros prefiere usar durante las bodas debido a los consejos tan convenientes que allí se encuentran. Entre estos consejos quisiera notar los dos más importantes: la sujeción y el amor. Dos características de suprema importancia para desarrollar un matrimonio feliz. Notemos más de cerca lo significativo de estos dos conceptos y su relevancia para los matrimonios modernos.

Sujeción en el matrimonio

El primer gran consejo se halla en los versos 21 al 24: "Sujetaos los unos a los otros" (v. 21) "y las mujeres a sus maridos, así como al Señor"(v. 22-24). Claramente se indica que la mujer debe estar sujeta a su marido porque él es la cabeza, así como Cristo es la cabeza de la iglesia (v. 23). Y así como la iglesia está sujeta a Cristo, así también las casadas deben estar sujetas a sus maridos (v. 24).

Utilizando la relación tan íntima que existe entre Cristo y su iglesia, San Pablo señala que es la misma relación la que debe existir entre marido y mujer. Así como Cristo es la cabeza y la iglesia su cuerpo (Efesios 5:23 y I Corintios 12:27), de la misma manera el hombre es la cabeza y la mujer es el cuerpo en la relación matrimonial. Y la relación más sobresaliente entre el cuerpo y la cabeza se debe a la unidad. El cuerpo y la cabeza deben estar unidos para poder funcionar eficientemente. Se trata de una relación complementaria; se necesitan el uno al otro para poder existir. Mi firme sentir es que este concepto de "sumisión" no es el de esclavitud, ni el de obediencia absoluta, sino de unidad y armonía, como la que debe existir entre toda cabeza y cuerpo; como la que existe entre Cristo y su iglesia. Y la unidad que los esposos deben tener con Cristo (Juan 15) es la unidad que debe existir entre ellos.

En I Corintios 7:10-11 el mismo apóstol señala: "Mas a los que están juntos en matrimonio, denuncio, no yo, sino el Señor: que la mujer no se aparte del marido. Y si se apartare, que se quede sin casar, o reconcíliese con su marido; y que el marido no despida a su mujer". Nuevamente aquí se nos presenta ese sentido de sujeción unitaria que debe reinar entre los esposos. La mujer no se debe apartar del esposo y el esposo no debe despedir o hacer que su mujer se aparte. Notemos, además, cómo tanto en Efesios como en I Corintios, la sujeción debe ser mutua, porque es difícil, si no imposible, unirse a alguien que no la desea o que la rechaza.

Y es que la unidad en el matrimonio es básica para una relación feliz. Por eso la ley matrimonial de Génesis 2:24 indica que los dos deben llegar a ser uno; como la cabeza y el cuerpo son uno, así el esposo y la esposa deben ser también uno. Acertadamente Elena White, en su libro *El Hogar Adventista* dice: "La felicidad y prosperidad de la vida matrimonial dependen de la unidad de los cónyuges" (p. 71).

Esta unidad entre los esposos se notará en hacer planes juntos, en tomarse en cuenta y considerarse el uno al otro, en salir juntos de vacaciones, en andar juntos lo más posible en sus distintas actividades, si acaso tomados de la mano, como un solo cuerpo.

Amor en el matrimonio

Íntimamente relacionado con lo anterior, el apóstol presenta ahora el siguiente consejo: “Maridos, amad a vuestras mujeres” (v. 25); es decir, indica la presencia del amor en el matrimonio. Y es que si hay algo que va a facilitar la unidad, si existe algo que va a hacer posible que los matrimonios superen los distintos problemas que habrán de encarar en su camino, es el amor. El amor es no sólo el aceite que lubrica los roces de las relaciones mutuas, incluyendo las matrimoniales, sino que es también el bálsamo que ayuda al sanamiento y restauración de las heridas que tantas veces se producen en esas relaciones.

Si el consejo del subtítulo anterior estaba dedicado mayormente a las esposas, éste lo está a los esposos. Cuatro veces se les dice a los esposos que amen a sus esposas (Efesios 5: 25, 28, 33). Y para ello se dan las siguientes razones: Porque son sus propios cuerpos (v. 28a); porque el que ama a su mujer a sí mismo se ama (v. 28b); y porque se debe amar a la mujer como a uno mismo (v. 33).

Así como la esposa debe estar sujeta al esposo (como la iglesia a Cristo), también el esposo debe amar a su esposa como Cristo ama a la iglesia. ¿Y cómo ama Cristo a su iglesia? San Pablo da la respuesta al presentarnos lo siguiente:

1. Cristo amó tanto a su iglesia que se entregó a sí mismo por ella (v. 25). Aquí encontramos el concepto de entrega y sacrificio. Un amor así es más poderoso que la misma muerte. El matrimonio requiere de entrega completa y de muchos sacrificios. Pone al cónyuge por encima de nosotros; sus necesidades, antes de las nuestras. En pocas palabras, significa estar dispuestos a dar nuestra vida por la del cónyuge. Ese es el tipo de amor que Dios espera que los esposos tengan por sus esposas, el mismo amor que Cristo mostró por su iglesia.

2. Para santificarla por su Palabra (v. 26). Aquí se presenta el concepto de santificación, lo cual se produce mediante la Palabra de Dios, las Escrituras. Es la idea de que el hombre, como cabeza de la relación matrimonial, tome la iniciativa y dirección de hacer

de su hogar un lugar donde se lea y medite la Palabra de Dios y se sigan sus instrucciones.

3. Para que fuese santa, sin mancha ni arruga (v. 27). Este amor, semejante al de Cristo, impedirá que se manche o se arrugue la relación matrimonial. Hebreos 13:4 nos dice también que la relación matrimonial debe ser sin mancha. Manchas y arrugas es todo aquello que enturbia y entorpece la relación correcta entre los esposos y lo que les impide alcanzar la verdadera felicidad. Las manchas y arrugas que se hayan producido en el pasado deberán limpiarse y plancharse para lograr a toda costa que no se vuelvan a presentar, demostrando así el amor que Dios requiere que tengamos por nuestras esposas.

4. La sustenta y la cuida (v. 29). Después de volver a decir que los esposos deben amar a sus esposas como a sus mismos cuerpos, ya que nadie aborrece a su propia carne (v. 28), ahora el apóstol nos habla de otras dos cosas que Cristo hace por su iglesia: sustentarla y cuidarla. La palabra sustentar viene del griego "ektrephei", que significa nutrir, alimentar. La palabra cuidar ha sido traducida en algunas versiones como "regalar", pero la correcta traducción de "thalpei" es cuidar, proteger, apreciar. Por lo tanto se nos pide que amemos a nuestras esposas sustentándolas, nutriéndolas, alimentándolas no sólo en forma física, sino también en forma espiritual, intelectual y emocional. Es necesario también que las cuidemos, protejamos y apreciemos como lo más grande que tenemos en esta vida, después de nuestro Dios.

Esta es la forma como Dios quiere que los esposos amen a sus esposas. Y la razón que se da tiene mucho sentido: porque son parte de nosotros mismos. Los esposos son miembros del cuerpo, de la carne y de los huesos de la esposa (v. 30). El que aborrece a su mujer, a sí mismo se aborrece; el que la maltrata, a sí mismo se maltrata. Quien le hace un daño o mal a la esposa, a sí mismo se castiga.

El amor está íntimamente ligado a la sujeción; es decir, la condición para que la esposa se sujete es que el esposo la ame, ya que es mucho más fácil unirse a una persona amante. Por eso considero el amor como el corazón de todo matrimonio, ya que su presencia proveerá una relación feliz y con ello el hogar y matrimonio que toda pareja desea tener.

El grave problema de muchos esposos es que no se esfuerzan en lo más mínimo en demostrar su amor a sus esposas. Lo dan por sentado. "Ella sabe que la amo", dicen muchos, y por lo tanto no se preocupan en decírselo ni en demostrárselo. Pasan los meses y los años y descuidan aquellos detalles que hacen sentir a la esposa que realmente se la ama, o borran de su vocabulario las frases "te quiero" y "te amo".

Acertadamente se ha comparado el amor con una planta. Una planta necesita riego y atención; de lo contrario, se marchita y muere. La planta del amor en el matrimonio tiene que ser regada y atendida todos los días en los pequeños detalles y mediante las expresiones de amor y cariño. Muchos ignoran o más bien desatienden estos aspectos tan importantes y después se preguntan que qué pasaría con el amor en el matrimonio. La respuesta es muy simple: lo dejaron secar hasta que pereció; en otras palabras, lo mataron.

Insisto en la importancia de lo romántico en el matrimonio, ya que en un matrimonio tal se atienden los detalles que hacen florecer el amor. Muchos esposos se apagan cuando oyen la palabra romántico; les parece cursi y fuera de lugar; algunos hasta dicen que el enamoramiento es sólo para los novios. Y tienen razón, el enamoramiento es para los novios, pero se equivocan cuando afirman que no es para los casados. Los novios saben muy bien que para conquistar a una muchacha es imprescindible ser romántico, atento, respetuoso, considerado; de lo contrario ninguna se fijaría ni querría casarse con ellos. Los jóvenes, pues, cuando novios se muestran amables y cariñosos con la novia en todos los aspectos: le abren la puerta del carro para que entre o salga, le abren la puerta de la casa, la ayudan a quitarse el abrigo, le traen flores y chocolates cada vez que vienen de visita, la llaman todos los días por teléfono, le escriben cartas a menudo; no se cansan de decir lo locamente enamorados que se encuentran y que sin ellas la vida no valdría nada, que con sólo verlas se les quita el hambre. ¿Y quién no querría casarse con alguien así?

Sólo que a los pocos días de casados, se produce el cambio. De novios cariñosos pasan a ser esposos odiosos. No solamente dejan de ser románticos, atentos, respetuosos y considerados, sino que se vuelven vulgares, abusivos y groseros. Olvidan que aquello que la convenció de que había encontrado a su príncipe azul, el amor, es el mismo elemento que la mantendrá feliz y contenta a su lado. Con mucha razón se dice que el noviazgo debe continuar en el matrimonio.

Por eso el apóstol les dice a los esposos cuatro veces: "Amad a vuestras esposas". No sólo desde lo más profundo de la subconciencia, cerca del calabozo del olvido, sino en la primera fila de la conciencia; y muy consciente de la importancia de manifestar con hechos claros y continuos el amor tan especial que se le debe tener a ella. Ante un esposo así, ¿qué mujer no hará lo posible por sujetarse a él?

Y al paso de los años ese amor se va perfeccionando y madurando en el matrimonio. Los doctores Minirth, Newman y Hemfelt en *Passages of Marriage* nos dicen que el amor en el matrimonio comienza con el amor joven (los primeros dos años), luego le sigue el amor realista (desde los tres hasta los diez años), después el amor confortable (11-25), luego el amor renovado (26-35) y por último el amor trascendente (desde los 36 hasta el fin).

En una encuesta realizada con esposas de pastores en los Estados Unidos, les hice la pregunta "¿Qué cosas necesita hacer el esposo para demostrar su amor hacia la esposa?" Las respuestas fueron las siguientes:

- Ayudar en los quehaceres domésticos
- Tratarla con consideración y respeto
- Mejorar la comunicación
- Ser más expresivo
- Sacar más tiempo de su horario para estar juntos
- Ser más cariñoso
- Respetarla en público
- Respetar su individualidad
- Ser más tierno con los niños

- Tener cultos familiares en forma sistemática
- Vacacionar juntos por lo menos una vez al año
- Entenderla y apreciarla en lo que ella hace
- Escucharla y darle el lugar que se merece
- Comprenderla y tener paciencia en lo sexual
- Ser cortés, amable, atento, amoroso
- Decir verbalmente lo que siente por ella
- Salir juntos fuera de casa, sin los niños
- Llevarle pequeños regalos, como flores, dulces, etc.
- "Que me regale cositas de mi interés"
- Recordar los cumpleaños, aniversarios, etc.
- "Tomar tiempo para mí, aunque esté muy ocupado"
- Ser espontáneo
- Ser sensible frente a los cambios que experimenta la mujer
- Demostrar su amor con rosas
- Tratarla como compañera, sin aires de superioridad o machismo
- Demostrar amor sin interés sexual, "que me abrace sólo por abrazarme"

Es interesante notar que el ayudar en los quehaceres domésticos fue lo que más se mencionó como una muestra de verdadero amor y cariño.

El amor como fruto del Espíritu

Algo que considero íntimamente ligado al amor es lo que la Palabra de Dios nos presenta como el fruto del Espíritu Santo. Se halla referido en Gálatas 5:22-23 y es de gran importancia para todo cristiano: "Mas el fruto del Espíritu es amor, gozo, paz, paciencia, benignidad, bondad, fe, mansedumbre, templanza". La declaración señala la relación de uno con Dios y con el prójimo, e incluye al cónyuge, nuestro prójimo más cercano.

El fruto del Espíritu Santo es una dádiva extraordinaria de Dios para todos los que aceptan a Jesús como su Salvador. Cuando se acepta a Jesús, se recibe la vida eterna (Juan 3:16; I Juan 5:11-13, etc.) y mediante el Espíritu Santo Cristo mora en nosotros:

"El estar en Cristo significa recibir constantemente de su Espíritu" (Elena White, *El Deseado de todas las gentes*, p. 630).

"Los que ven a Cristo en su verdadero carácter, y le reciben en su corazón, tienen vida eterna. Por el Espíritu es como Cristo mora en nosotros; y el Espíritu de Dios, recibido en el corazón por la fe, es el principio de la vida eterna" (*Ibid*, p. 352).

"En esto conocemos que estamos en él, y él en nosotros, en que nos ha dado de su Espíritu" (I Juan 4:13).

El fruto del Espíritu es el resultado lógico en la experiencia de la persona en quien mora el Espíritu Santo. Se llama fruto del Espíritu porque se produce cuando el Espíritu Santo mora en el corazón. Se trata de un don de Dios, porque viene como consecuencia de la recepción que se hace de Cristo y del Espíritu Santo. Este fruto se desarrolla a medida que el cristiano madura, crece, camina con Dios, permanece en Cristo (San Juan 15:4-8) y se rinde completamente a su influencia.

Es interesante notar que en el original el término "fruto" está en singular. Es el fruto que se espera en la vida de cada cristiano. El fruto del Espíritu no equivale a una frutería de donde uno escoge los frutos que más le gustan. No hay "frutos" que escoger. El regalo del Espíritu es un fruto integral, abarcante y completo. Es un solo fruto, el fruto por antonomasia: el fruto que distingue a los que han nacido de nuevo.

El fruto del Espíritu tiene que ver, entonces, con el carácter del cristiano, el cual se refleja en la vida diaria. Los que tienen al Espíritu Santo, mostrarán su fruto en su conducta; es decir, serán amantes, llenos de gozo, pacíficos, pacientes, etc., en el trato con los demás, y experimentarán el pleno gozo de la existencia. Como se ve, el fruto del Espíritu es el conjunto de rasgos del carácter de Jesús, y la presencia de Jesús en el corazón, como un círculo de bendición, determinará la existencia de ese fruto.

Y si hay algún lugar, si existe alguna relación donde este fruto debe manifestarse, es, sin duda alguna, en la relación matrimonial. Un matrimonio feliz y completo será aquél donde se revela la presencia del Espíritu Santo mediante la existencia de su fruto. La presencia del amor, gozo, paz, paciencia, benignidad, bondad, fe, mansedumbre, y templanza determinará una relación matrimonial de verdadero éxito y felicidad.

Notemos ahora los otros aspectos del fruto del Espíritu en el matrimonio.

Gozo

El amor trae consigo gozo, porque el amor se goza. Los esposos deben gozarse y estar felices en compañía el uno del otro. Esto requiere pasar tiempo juntos, salir juntos, así como mostrar felicidad y procurar la felicidad del otro. Hay cosas especiales que causan gozo a la otra persona, y, aunque a nosotros no nos gusten, será bueno hacerlas.

Una pareja iba a ver juegos de béisbol cuando eran novios; pero no bien se casaron, ella no quería ir más con él al punto que éste llegó a pensar que ella ya no lo quería. Y no era que ella no lo quisiera; lo que no quería era el deporte. Cuando novios lo soportaba para poder estar con él. Pero ahora él, dadas las cosas, se sentía mal, porque ella ya no lo acompañaba. Felizmente el asunto concluyó favorablemente cuando después de hablar ambos y expresarse el mutuo amor que se tenían, y el gozo que él sentía al verse acompañado por ella, llegaron al acuerdo de que la esposa iría con él a los partidos más seguido. Es muy importante hacer y participar de las cosas que le agradan al cónyuge. Esto trae felicidad y ayuda a gozar juntos de la vida.

Hay, por supuesto, otros factores que entran en juego para experimentar el gozo matrimonial. El gozo y la felicidad requieren también de buenos hábitos, de buenos modales, de aseo y limpieza. El descuido de estos detalles tan importantes puede incomodar y evitar el completo gozo del compañero o compañera. Se debe hablar al respecto y hacer los cambios necesarios. Y cuando hablamos de cambios muchos se sienten ofendidos o amenazados; pero es importante notar que para que el ajuste matrimonial se lleve a cabo en forma efectiva, es importante aceptar el que se introduzcan ciertos cambios en los gustos, hábitos y costumbres. Muchas asperezas que estorban la relación deben ser pulidas y amoldadas por el bien mutuo.

Los esposos deben hablar acerca de los asuntos que los hacen felices, así como de aquello que les produce tristeza. Sería tal vez conveniente dedicar alguna ocasión a platicar acerca de la felicidad en su matrimonio. Del porqué se sienten felices, o tal vez infelices; qué cosas les gustaría que se hicieran o se dejaran de hacer para lograr la máxima felicidad.

Paz

Hablando directamente a los matrimonios, el apóstol San Pablo les dice en 1 Corintios 7:15: "...a paz nos llamó Dios". Esta paz es lo contrario de la guerra. Y en todo matrimonio debe reinar la paz. Pero hay hogares que parecen más bien campos de batalla, donde ninguno de los contrincantes sale vencedor. En las batallas matrimoniales todos salen perdiendo.

El Dr. Antonio Arteaga contaba que a una pareja se le preguntó si los había casado el juez de paz; la señora contestó: "Más bien creo que nos casó el ministro de guerra. No hacemos otra cosa que pelear".

Hay matrimonios que se llevan como perros y gatos. Definitivamente ésta no es la voluntad de Dios. Es cierto que en todo matrimonio hay dificultades. Pero no debemos permitir que esas dificultades roben el gozo y la alegría que brinda la paz. "Bienaventurados los pacificadores", dijo Jesús, porque los que buscan la paz a toda costa serán altamente bendecidos con un matrimonio feliz.

La Biblia nos dice: "Airaos, pero no pequéis". Está bien airarse, pero no está bien pecar porque se está airado. Recordemos que no vale la pena gritar, insultar, maldecir, ni mucho menos golpear. Quien hace esto ofende profundamente a su cónyuge y peca contra Dios.

La paz tiene que ver no solamente con no crear situaciones

que molestan, o decir cosas que perturban y duelen. Incluye también el pedir y conceder perdón cuando se han cometido faltas y, algo muy importante, el olvidar. Ah, porque muchos dicen: “te perdono, pero no me olvido, y en la primera, me desquito”. ¿Será eso el verdadero perdón? El perdón es un don y una característica divina, y de acuerdo con Miqueas 7, cuando Dios perdona, también se olvida. Así que el perdonar incluye el olvido.

Varios consejeros matrimoniales recomiendan que bajo ninguna circunstancia debiera haber peleas entre los esposos; mientras que otros, tal vez más realistas, dicen que es admisible pelear de vez en cuando, ya que es algo inevitable; pero en ello hay que seguir ciertas reglas “saludables”. Los doctores Balswick, en el libro *The Family*, han coleccionado esas reglas o consejos importantes. Menciono a continuación algunas de las que considero más apropiadas.

1. Identificar el problema. Aunque haya muchas dificultades, la mejor manera de solucionarlas no es tomándolas todas en conjunto, sino una por una. A veces ocurre que el problema que se menciona no es realmente la raíz del mal. Es importante, por lo tanto, identificar claramente el problema en particular y procurar su solución, entendiendo la relación que pueda tener con otros problemas existentes.

2. Escoger el tiempo correcto. Cada pareja sabrá cuando es la mejor ocasión u hora del día para hablar de los problemas. Habrá ocasiones cuando se los podrá o deberá resolver en el acto; otros tendrán tal vez que esperar con el fin de que se "enfríen" un poco los ánimos, etc.

3. Escoger el lugar correcto. Cada pareja deberá determinar también cuál es el mejor lugar para discutir los problemas. Es apropiado un lugar donde no haya interrupciones y donde pueda conversarse en privado.

4. Comenzar con una nota positiva. Iniciar la conversación con algo positivo marca el camino que se quiere seguir durante el resto de la conversación. Antes de entrar en lo esencial del problema, se puede mencionar, por ejemplo, lo mucho que se aprecia al cónyuge; que aunque se diga cualquier cosa, se recuerde lo mucho que se le

ama. También podrán destacarse las cosas positivas de la persona, aunque existiese algo que haya estado afectando la relación, etc.

5. Mantenerse en un mismo problema. Es decir, mantener enfocado el problema que se quiere resolver y no pasar a otro sin antes dar la solución debida al primero.

6. No mencionar el pasado. En el calor de la discusión viene siempre la tentación de traer problemas del pasado. Esto lo hacen especialmente los rencorosos, los que gustan de guardar y recordar todo lo ocurrido. Esto impide la solución de conflictos.

7. No golpear "por debajo del cinturón", por usar una frase del pugilismo. Esta es zona demasiado sensible que sería mejor no mencionar durante la discusión. Los asuntos pueden ser los familiares, o personales, tales como la gordura, las deformidades, etc. La pareja debe determinar cuáles son las áreas sensibles para evitar tocarlas; sin embargo, por otro lado, debe evitarse el "subirse el cinturón" hasta el cuello.

8. Tomar a la otra persona con la seriedad debida. Ridiculizar o reírse del cónyuge mientras se está solucionando un problema, es inapropiado, ya que da la impresión de que la opinión de la otra persona carece de valor y que, por lo tanto, no vale la pena considerarla. Obviamente, esto impide solucionar cualquier conflicto.

9. Expresar enojo en forma no abusiva. La Biblia nos dice que el enojo no es pecado (Efesios 4:26), pero que puede convertirse en pecado; en primer lugar, cuando no lo expresamos y lo dejamos que nos llene de resentimiento o ira; y en segundo lugar, cuando expresamos el enojo en forma abusiva, ya sea verbal o físicamente. El abuso verbal produce daños psicológicos y menoscaba la estima propia; produce temor, ansiedad, depresión y toda una estela de alteraciones emocionales. El abuso verbal y los golpes no debieran hacerse presentes jamás en ningún matrimonio que desea alcanzar la felicidad.

10. No hacerse el culpable. Esta es la tendencia a atribuirse toda la culpa y pasar por mártir para ganar simpatía y conseguir ayuda. Aunque esto puede resolver momentáneamente el problema,

no ataca, sin embargo, la verdadera raíz del mal, y aquél volverá pronto a surgir.

11. No ser pasivo-agresivo. Una persona tal es la que está dispuesta a perder ahora la pelea, pero sabe que después se desquitará de alguna forma. Es la "mosquita muerta" que sabe cómo vengarse.

12. Evitar el pedir explicaciones y razones por cierto comportamiento. Es decir, procurar la vindicación instantánea de la otra persona. No siempre se puede explicar el porqué de lo que se hace. Es mejor concentrarse en la solución del problema y pensar en cómo evitarlo en el futuro.

13. Evitar los apodos y calificativos. Esto destruye la posibilidad de una discusión razonable. Llamar a la otra persona de estúpida, tonta, ignorante, bestia, anormal, imbécil, idiota, etc. cae en el abuso verbal y emocional; es falta de respeto y anula toda solución.

14. Evitar los triángulos. Hay que evitar llamar a algún otro miembro de la familia para que nos ayude o sea parte de nuestro "equipo". Ocurre, por ejemplo, cuando la esposa depende del hijo para que la defienda en la argumentación. O cuando el esposo busca el apoyo de los hijos para probar que la esposa es la culpable, etc.

15. Discutir tomados de la mano. Algo que he hallado que es de gran utilidad en la solución de conflictos, es el tomarse de las manos y platicar. Frente a frente, y de preferencia en un restaurante, donde no se puede alzar la voz.

Paciencia

¡La paciencia! ¡Tan útil y tan necesaria para las relaciones personales y a la vez tan escasa entre los miembros de la raza humana! Como que hubiese sido repartida con gotero y que por lo tanto brillase por su ausencia. Y como resultado tenemos una galaxia de problemas entre los miembros de las familias, sin faltar los esposos.

Una buena dosis de paciencia ayuda mucho para la paz y con ello para el bienestar en general. La comprensión da lugar a la paciencia. Cuando nos ponemos en el lugar de la otra persona, comprendemos mejor la situación y tenemos más paciencia. Si queramos que la comida esté más pronto, tratemos de prepararla nosotros, y descubriremos la razón de la demora. Por ejemplo, muchas parejas tienen problemas relacionados con el desaseo de la casa, lo que creen que las excusa para "perder" la paciencia. La comprensión constructiva del asunto persuadirá al impaciente a colaborar en los quehaceres del hogar y, también, le hará descubrir que no es tan fácil complacerlo en sus exigencias meticulosas; en cambio, le demostrará que todo se torna llevadero con la participación suya.

El problema de muchos impacientes es que tienen su termostato graduado a baja temperatura, y ante cualquier situación de roce o acaloramiento, para decirlo coloquialmente, se les sube el humo y les sale hasta por las narices.

El amor es paciente y se lo demostrará siendo cariñoso a pesar de estar a punto de destaponarse, y aun después de ello. Todavía admiro a aquel esposo que tras perder los estribos viene a la esposa para pedirle perdón y le dice: " Nuestro amor es más importante que cualquier casa limpia". Esto es poner las cosas en la perspectiva correcta .

"Perder los estribos" es poner los pies en el aire. Muchos, cuando pierden los estribos, caen de cabeza al piso, figura que equivale al profundo sentimiento de dolor y culpabilidad, de tristeza y amargura que se siente cuando se pierde la paciencia. Pero la mayor dificultad no es tanto el caer al piso, sino quedarse allí. Porque el que se levanta y procura restablecer la relación pidiendo perdón y solicitando la ayuda divina para no volver a caer, prueba ser un hombre o mujer en el más alto sentido de la palabra. Los matrimonios ideales se componen de este tipo de seres, imperfectos al fin, pero dispuestos a la rectificación.

Benignidad

La benignidad en el matrimonio tiene que ver con la gentileza y la consideración en todas las ocasiones. Esto es contrario a la rudeza o a la aspereza que caracteriza a muchas relaciones familiares y matrimoniales.

La consideración se aprende cuando una persona se pone en lugar de otra, lo cual establece una gran diferencia. Tomemos, por ejemplo, el caso típico de la esposa que, abrumada por todos los quehaceres del hogar, insiste en que se compre una lavadora de platos y el esposo, por razones financieras, se opone a tal gasto. Si el esposo lavara la vajilla por una semana, sólo por una semana, no tardaría en comprar la lavadora. Cuando se conocen las cargas de los demás, podemos simpatizar y tener consideración hacia ellos.

Tomemos también el caso de algunas esposas que le dicen al esposo: "En todo el día sólo has limpiado el garaje". Es bueno que ellas limpien de vez en cuando el garaje para que vean lo difícil que a veces es este trabajo. El intercambio de funciones produce consideración que lleva a la benignidad.

Bondad

Del latín *bonitas* nos viene la palabra bondad. Y es que una persona bondadosa es realmente una persona bonita. La bondad tiene que ver con ser amable el uno con el otro. Es el tratarse con cariño; tiene que ver con decirse palabras tiernas, dulces, amorosas. Implica cortesía y caballerosidad. Es el nunca olvidarse de su cumpleaños, el sacarla a cenar fuera de casa de vez en cuando; es el serle un apoyo en sus decisiones personales, el brindarle la mano en los momentos que necesita ayuda; el consolarla en los momentos difíciles. Es hacer todo aquello que hace de un esposo o esposa una persona de la que se puede decir sencillamente que es buena.

Es el tratarlo como a un rey. El hacerle sentir "el señor de la casa". Es hacerle creer que él es "el que manda". Es tratarla como la reina de la casa, es hacerla sentir única, apreciada y necesitada. Es defenderla contra los ataques de los demás, incluyendo los hijos, familiares, amigos o cualquier otra persona que quiera hacerle mal o simplemente hacerla sentir mal. Es sacrificarse por ella; darlo todo, para ganar todo, ya que, al final, el amor que se recibe está en proporción directa con el amor que se da.

Fe

No se podrá encarecer lo suficiente el papel que la fe juega en los matrimonios cristianos. La fe es no solamente la base de nuestra salvación, sino también la base sólida sobre la que se fundamenta un buen matrimonio.

Fe es tener confianza. Y la confianza debe predominar en toda relación matrimonial. Los esposos deben tener la confianza suficiente para estar seguros de que ante cualquier circunstancia se mantendrán fieles el uno al otro. Así como el amor echa fuera el temor, la confianza echa fuera los celos, ya que la desconfianza alimenta los celos. La desconfianza es un roedor lento e infalible de la estabilidad matrimonial. Una pregunta indispensable es: ¿Cómo podemos aumentar la confianza mutua entre los cónyuges? Creo que es imprescindible decirle frecuentemente lo importante que es él o ella, y lo mucho que se le ama. También es imprescindible estar en constante contacto haciéndole saber a dónde se va, cuándo se sale, o dónde se encuentra y qué es lo que se hace. Algunos verán esto como una especie de esclavitud, pero es el costo para ganar la confianza y una seña clara de unidad y amor.

La fe en la vida familiar tiene también tres aplicaciones que no deben olvidarse:

1. No casarse con incrédulos. Un matrimonio de fe no será establecido en contra de algún importante principio bíblico. Y de acuerdo con 2 Corintios 6:14, los creyentes no debieran casarse con los incrédulos, ya que los que tal hacen entran en un yugo desigual. Y es muy difícil, si no imposible, llevar las cargas matrimoniales y familiares cuando éstas no se pueden compartir en yugo equitativo.

Muchos matrimonios afrontan serias dificultades porque se establecieron sin tomar en cuenta este importante consejo. Y muchos entonces preguntan: ¿Podré deshacer mi matrimonio? Aunque no es la voluntad de Dios que los creyentes se casen con los incrédulos, tampoco es su voluntad que se divorcien una vez que ya están casados:

"Si algún hermano tiene mujer infiel, y ella consiente en habitar con él, no la despida. Y la mujer que tiene marido infiel, y él consiente en habitar con ella, no lo deje" (1 Corintios 7:12-13).

2. Casarse en el Señor. De acuerdo con I Corintios 7:39 uno se puede casar con quien quisiere, "con tal que sea en el Señor". Casarse en el Señor es seguir las instrucciones del Señor. Una instrucción del Señor la encontramos en el mismo versículo, el cual nos dice que alguien que por la ley está atado a otra persona, no está libre para volverse a casar (ver también Romanos 7:2-3).

3. Atender la vida devocional personal y los cultos familiares. Este tercer aspecto de la fe en el matrimonio es de suprema importancia. Tiene que ver con la religión en el hogar. Acertadamente se ha dicho que "la familia que ora junta, permanece junta"; lo mismo se puede decir también de los matrimonios.

Mansedumbre

La mansedumbre en el matrimonio cristiano tiene que ver con la disposición de los cónyuges a ser personas dóciles, tratables, dispuestas a cambiar, a ser moldeadas, a entablar comunicación; en fin, a hacer todo lo posible para que la relación matrimonial llegue a convertirse en la experiencia más hermosa de la vida.

Templanza

La templanza es la característica del balance y el dominio propio en todas las cosas. Si esto es de importancia para la vida en general, ciertamente lo es también para la vida matrimonial.

Un fruto maduro

Dios espera que ese fruto que ha colocado en nuestras vidas mediante su Espíritu Santo madure en cada uno de nosotros y se manifieste en nuestro trato con los demás, y especialmente en el trato con nuestro cónyuge, nuestros hijos y los demás familiares.

A veces nos damos cuenta de que algunas partes de nuestro fruto no están completamente maduras; que algunas están más maduras que otras. A veces van bien ciertos aspectos del fruto; otros, no tan bien. Considero de gran importancia reconocer y descubrir las partes de nuestro fruto que necesitan madurar. Tal vez se trate de la paciencia, de la paz, o de la fe. Tal vez sea la mansedumbre o la bondad. Necesitamos estar conscientes de ello. Desde luego nuestro cónyuge puede ayudarnos fácilmente a lograr esta tarea.

Una vez descubiertas nuestras deficiencias, debemos ponerlas a madurar para la gloria de Dios y la felicidad nuestra. Y ¿cómo madura todo fruto? Se necesitan dos elementos valiosos: La luz del sol y la savia que se recibe de la planta. De la misma forma el cristiano necesita exponerse directamente al Sol de Justicia que es nuestro Salvador, para recibir de él la savia que ofrece al estar en compañerismo con el Maestro. Esto permitirá madurar equilibradamente y asegurar la felicidad personal y la del matrimonio.

Después de mencionar en Efesios 5:30 que el esposo es miembro del cuerpo de la esposa, de su carne y de sus huesos, debido a la unidad tan especial que brinda el matrimonio, ahora el apóstol pasa a algo que es supremo: La ley matrimonial.

Las palabras del verso 30 le hacen recordar a San Pablo algo que es vital para todo matrimonio: El pasaje de Génesis 2:24. Éste será nuestro tema en el próximo capítulo.

Capítulo 5

La ley matrimonial

El comienzo de las relaciones matrimoniales y familiares se hallan en Dios. Fue su idea el crear matrimonios y familias. Al hacerlo, estableció ciertas reglas que asegurarían y preservarían la felicidad y el propósito de su existencia. Entre ellas sobresale "la ley del matrimonio" de Génesis 2:24.

El contenido de este verso tan significativo es sin duda el bosquejo del sermón dado por Cristo durante la boda de Adán y Eva y encierra las bases que aseguran un feliz comienzo en la vida matrimonial y una exitosa trayectoria en la vida familiar.

Las enseñanzas de Jesús en relación con el matrimonio y la vida familiar son muy significativas cuando consideramos el abuso y las malas interpretaciones que se habían hecho hasta entonces. Los conceptos que el Maestro vierte en torno al divorcio en San Mateo 5 y 19 tienen enorme trascendencia para nuestros días en que este problema ha alcanzado proporciones gigantescas. Las palabras de Jesús se aplican a nuestro tiempo, particularmente cuando dice: "Lo que Dios juntó, no lo separe el hombre" (Mateo 19:6).

Por otro lado, San Pablo ofrece un cuadro completo de enseñanzas en relación con el matrimonio honorable, especialmente en aspectos como el volverse a casar, la fidelidad, el amor, el respeto y conducta sexual (ver 1 Corintios 7, Efesios 5, Hebreos 13:4).

El matrimonio y la familia tienen tanta importancia para Dios que en la Biblia el Creador se presenta como el esposo y el padre amante, interesado por cada uno de nosotros y se pone de ejemplo para que hagamos lo mismo en nuestras relaciones familiares.

En la Biblia existen conceptos, consejos e ideas de gran valor para la vida familiar. Grandes porciones de la Palabra de Dios están dedicadas a este tema y los cristianos no deberíamos despreciar ni desatender lo que se nos dice al respecto.

En Génesis 2:24 hallamos algo especial: Allí se nos presenta la ley del matrimonio, el plan que Dios establece para el éxito de las relaciones matrimoniales.

En el origen mismo de la creación , vemos que fue la voluntad de Dios que hubiera matrimonios y familias. "Y creó Dios al hombre a su imagen, a imagen de Dios lo creó; varón y hembra los creó. Y los bendijo Dios; y díjoles Dios: Fructificad y multiplicad". (Génesis 1:27).

Pero es en el capítulo 2 del libro de Génesis donde se nos relata en forma más detallada la creación del hombre (2:7), de la mujer (2:20-21), y, especialmente, su unión matrimonial cuando Dios trae la mujer al hombre y éste la reconoce como suya (2:22-23). La unión matrimonial de esta primera pareja se llevó a cabo con las palabras del verso 24: "Por tanto, dejará el hombre a su padre y a su madre, y se unirá a su mujer, y serán una sola carne".

Notemos el siguiente interesante comentario que encontramos en *El Hogar Adventista,* de Elena White :

> Al unir Dios en matrimonio las manos de la santa pareja diciendo: "Por tanto, dejará el hombre a su padre y a su madre, y se unirá a su mujer, y serán una sola carne", dictó la ley del matrimonio para todos los hijos de Adán hasta el fin del tiempo. Lo que el mismo Padre eterno había considerado bueno, era la ley de la más elevada bendición y progreso para los hombres (p. 310).

De acuerdo con Mateo 19:5, las palabras de Génesis 2:24 fueron parte del sermón, o más bien dicho, el bosquejo del sermón de la boda de Adán y Eva, en cuya esencia se establece la ley del matrimonio para todos los tiempos.

Los tres aspectos del pasaje tienen suprema importancia en la formación de cualquier matrimonio y en la felicidad familiar en general. Notemos los tres grandes principios de este pasaje: dejar padre y madre, allegarse o unirse a la mujer, y llegar a ser una sola carne. Analicemos detenidamente cada uno de estos principios.

Dejar padre y madre

El primer aspecto que nos presenta la ley matrimonial se refiere a la familia de origen. Tiene que ver con el hecho de desligarse de la familia, específicamente del padre y de la madre, para venir a constituir un nuevo hogar.

La influencia que la familia de origen ejerce sobre el matrimonio, especialmente los recién casados, es muy significativa. Los padres pueden ser la causa de grandes conflictos y dificultades en el período de ajuste y desarrollo de la nueva pareja. Jean Parvin señala que las tres cuartas partes de los matrimonios tienen problemas con sus suegros, lo cual trae infelicidad a la pareja. No importa que las intenciones sean genuinamente buenas y abriguen elevados propósitos; lo cierto es que, lejos de ayudar, pueden ser causa de serios problemas.

Este es un asunto delicado y nada fácil para los padres; pero también lo es para los hijos. Los padres que están acostumbrados a dar y los hijos a recibir necesitan ahora cortar esa dependencia para que el hijo o la hija se una con la pareja que ha elegido. Esta es una libertad que los hijos deben exigir y los padres conceder.

La ley matrimonial claramente establece que el nuevo matrimonio debe desligarse de la familia de origen. Este desligamiento necesita ocurrir en los tres siguientes aspectos:

Físicamente

En circunstancias normales, la nueva pareja no debe depender en forma física de los padres. Los novios que aún no tienen un lugar propio y apartado de sus familiares para vivir, no están listos para dar ese paso. Los matrimonios que viven con sus familiares, especialmente los padres, muestran un alto grado de problemas.

Sin embargo, la relación entre la separación con respecto a los padres y la felicidad matrimonial se expresa gráficamente con una curva; es decir, cuanto más cerca se esté de los padres, menor será la felicidad matrimonial; y en cambio, cuanto más lejos se viva de ellos, mayor será la felicidad. Sin embargo, se llega a un punto en que si la distancia es demasiada, la felicidad empezará a debilitarse; por eso, Carter y McGoldrick incluyen entre los factores que ayudan a predecir la estabilidad marital aquel que se mide dando respuesta a la pregunta de "si se vive muy cerca o muy lejos de las familias de origen". Con los padres, entonces, vale el dicho popular: "Ni muy lejos, que te hieles; ni muy cerca, que te quemes".

A esto se refieren también los viejos refranes: "La casada, a su casa", o "El casado casa quiere". A la suya, no a la de los padres. Los nuevos matrimonios harán muy bien en procurar tener su propio lugar donde puedan vivir ellos solos para conocerse mejor y experimentar niveles altos de intimidad y responsabilidad.

Los que viven con los padres están, en cierta medida bajo su control y supervisión, lo cual impide que la pareja se desarrolle por sí misma. En esta tarea tanto padres como hijos deben poner de su parte, ya que la tentación de quedar juntos es grande.

Cuando los jóvenes, en sus planes de casarse, incluyen el ir a vivir con sus padres, revelan que aún no están listos para el matrimonio. Repito, muchos matrimonios tienen dificultades precisamente por vivir con los padres o muy cerca de ellos.

Emocionalmente

El siguiente aspecto en que se debe dejar padre y madre es el emocional. Se puede estar físicamente desconectados, pero emocionalmente atados. Para muchos padres e hijos, ésta es quizá la situación que produce mayores trastornos.

Aunque más o menos uno de cada cinco matrimonios vive con sus suegros, las llamadas telefónicas y las visitas frecuentes hacen como si se viviera con ellos. La nueva pareja no logrará su fusión emocional mientras existan fuertes lazos de este tipo tendidos hacia los padres.

Esto no significa eliminar su consejo ni dejar de pedir su opinión en algunas decisiones manteniendo así un cierto grado de relaciones afectivas y sentimentales. El problema radica en acudir a los padres para toda decisión, en hacer siempre lo que digan o en refugiarse en ellos antes que en el cónyuge cuando surjan dificultades.

Financieramente

El tercer aspecto tiene que ver con las finanzas. Cuando la pareja depende de sus padres financieramente, se convierte en "esclava", ya que tiene que dar cuenta de la forma como gasta su dinero. Por lo menos les da a los padres el derecho de pedírsela. Glen Jenson, experto en desarrollo humano y familiar de la Universidad de Utah, dice que si la pareja quiere llevarse bien con los suegros, debe "desengancharse" de ellos financieramente. La terapeuta familiar Penny Bilofsky indica acertadamente que la pareja conectada financieramente con sus suegros daña la relación de adultos que se debe tener con los padres. Quienes no están listos para sostenerse financieramente a sí mismos, tampoco lo están para formar un hogar.

Los tres aspectos anteriores están de acuerdo con las investigaciones de Carter y McGoldrick quienes han encontrado que se puede predecir que los matrimonios que dependen de su familia en forma física, emocional o financiera, experimentarán cierto grado de inestabilidad.

La cohesión familiar

Lo anteriormente dicho tiene mucho que ver con el grado de cohesión que exista en las familias de origen. Cuanto más cohesión exista en una familia, más difícil será para los hijos y los padres el separarse física, emocional y financieramente.

Para entender mejor la cohesión familiar, se han presentado los tres siguientes conceptos o tipos de familia: Desencajadas, enredadas y diferenciadas. Veamos en qué consisten.

La desencajada

En este tipo de familia, el padre, la madre, los hijos, cada uno tiene su propio programa. Lo único que los une es la familia. Son una familia, porque llevan el mismo apellido (a veces), viven en la misma casa (por un tiempo), y tienen alguna comida juntos (ocasionalmente).

Cada uno tiene sus propios amigos, a los cuales los demás no conocen ni les importa conocer. No hay ninguna clase de relación entre ellos; cada uno anda por su lado. Los hijos, en cuanto pueden, se mudan de la casa y se van a un apartamento. Cuando los hijos se casan, ¿acaso es difícil para ellos dejar padre y madre o para los padres dejarlos ir? Esto no ocasiona ningún problema. Desde mucho antes de la boda estaban separados. Y después de casados, como antes, no hay tampoco casi ninguna relación con los padres.

El siguiente diagrama representa más o menos este tipo de relación familiar, donde se advierte muy poca, o casi nula, unidad entre los miembros de la familia.

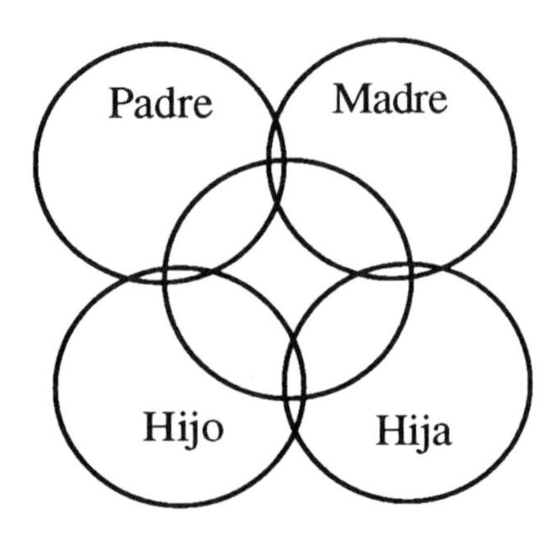

La enredada

La familia enredada es el extremo opuesto de la desencajada. Las vidas de todos los miembros de la familia están íntimamente relacionadas. Cada miembro de la familia tiene muy poca identidad; hay muy poco espacio para la independencia. Al que trata de separarse se le considera desleal y experimenta grandes presiones de los demás para que continúe en la trama.

En este tipo de familia los amigos de uno son amigos de los demás. A donde va uno, van todos. La mamá se encarga de seleccionar la ropa que se van a poner ese día, les indica cómo peinarse, etc., en fin, hay mucha dependencia.

Cuando existe este nivel de cohesión, la familia ejerce una gran influencia en la selección de la pareja. Hay un alto sentido, bastante literal, de que quien se casa con uno de los hijos, se casa con toda la familia.

¿Qué ocurre cuando uno de los jóvenes de este tipo de familia se casa? ¡Pues todos quieren acompañarlos a la luna de miel! ¡Cuán difícil es para los recién casados dejar a los padres! Desde luego, a este tipo de familia le resulta más difícil cumplir con esta parte de la ley matrimonial.

Es verdad que hay ocasiones durante el ciclo de la vida familiar cuando es muy importante para la familia tener un nivel muy avanzado de cohesión; por ejemplo, cuando los niños son muy pequeños, ya que su dependencia es muy grande hacia los padres.

La siguiente figura ilustra el tipo de familia enredada:

El problema radica en que los padres no les van permitiendo a los hijos, mientras crecen, asumir responsabilidades y grados de identidad personal y los quieren tratar como si todavía fueran pequeños; no les permiten que se desarrollen normalmente; creen que tienen sobre ellos más autoridad que la que realmente deben tener; o desconocen el cambio de estado social, pretendiendo, por ejemplo, que no están casados cuando realmente lo están, y pasan por alto e ignoran al yerno o nuera al buscar una relación exclusiva con el hijo o hija. Todo esto puede acarrear una seria disfunción en la familia afectando directamente la nueva relación matrimonial. Génesis 2:24 habla en contra de todo esto.

En muchas ocasiones los miembros de una familia desencajada se ven atraídos hacia miembros de una familia enredada. Les agrada el ambiente y el calor familiar que reinan en este tipo de familia; sienten que allí existe el verdadero sentido de lo que es la familia. Pero una vez que se establece la relación, se dan cuenta que no tienen el espacio suficiente para respirar a gusto y vivir la vida a su manera, con la libertad a que están acostumbrados. Se quejan de la intromisión de los suegros, y lo que en el noviazgo se percibía como consejos, ahora en el matrimonio se convierte en imposiciones. Lo mismo que los atrajo al principio, lo detestan después.

La diferenciada

Este tipo de familia podría catalogarse como el término medio o normal en cuanto al grado de cohesión familiar. Mientras los niños van creciendo, se les permite tomar sus propias decisiones y se los apoya. Se los entrena a ser responsables. Comparten muchas cosas en su vida familiar, pero cada uno participa también de actividades fuera de la familia. Aunque una parte vital de su identidad y apoyo se encuentra en el círculo de la familia, se encuentra también identidad y apoyo fuera de la misma. Este tipo de familia lo ilustra el siguiente diagrama:

Especialmente cuando los hijos llegan a la adolescencia y están altamente preocupados por su identidad y la búsqueda de su propio futuro, este tipo de familia los ayuda a separarse y a diferenciarse emocionalmente en preparación para la independencia necesaria que ocurrirá al dejar el hogar, principalmente cuando se casen.

Aunque los hijos alcanzan la propia independencia e identidad estableciendo sus propios hogares, este tipo de familia ha logrado una saludable red de cercanía, lealtad, y cohesión que permanecerá para el resto de la vida.

Unirse a la esposa o al esposo

El segundo aspecto de la ley matrimonial, como el primero, es muy significativo, ya que de eso depende grandemente la felicidad y prosperidad matrimonial. Elena White nos dice: "La felicidad y prosperidad de la vida matrimonial dependen de la unidad de los cónyuges" (*El Hogar Adventista*, p. 71).

Sin embargo, esto no ocurrirá mientras no se haya solucionado el problema de dejar padre y madre, porque cuando los padres, o cualquier otra persona, forman un triángulo con los cónyuges, se evita la correcta unión que debe realizarse entre éstos.

La primera parte de la ley matrimonial tiene que ver con dejar a padre y madre en forma física, emocional y financiera. La segunda parte consiste en unirse física, emocional y financieramente al cónyuge. Es dejar una relación de amor para entrar en otra. Una relación de amor que debe ser cuidadosamente protegida de cualquier intromisión. La misma autora nos aconseja en el libro antes citado: "Existe en derredor de cada familia un círculo sagrado que debe preservarse. Ninguna otra persona tiene derecho a cruzar ese círculo sagrado. El esposo y la esposa deben serlo todo el uno para el otro" (p. 156).

Unión física

El separarse físicamente de los padres es para unirse completamente en forma física con el esposo o esposa. Los esposos deben estar unidos físicamente. Deben dormir juntos, comer juntos, pasear juntos, ir de vacaciones juntos, hacer todo juntos. Para que la nueva relación matrimonial pueda tener éxito, los cónyuges deben estar unidos físicamente.

Esta unidad se opone a las separaciones, aun cuando haya problemas. Muchos piensan que para que los problemas matrimoniales se solucionen es buena práctica la de separarse por un tiempo, como si el huir de los problemas o el no tenerlos en cuenta fuera la forma de solucionarlos. No es separándose, sino trabajando juntos para una posible solución como los matrimonios se unen y aprenden a resolver sus problemas.

La unión física entre los esposos incluye el tomarse constantemente de la mano, el caminar uno al lado del otro, el echar la mano a la cintura o al hombro del otro, el sentarse juntos en la iglesia o en cualquier otra circunstancia. Quienes comienzan separándose físicamente (durmiendo en el sillón, en el cuarto de visitas, con amigos o familiares, o yéndose solos de vacaciones, a paseos, etc.), siguen separándose afectivamente hasta que ya no hay nada que los une. Finalmente la separación definitiva y el divorcio serán los tristes resultados.

Los esposos deben esforzarse para pasar tiempo juntos como pareja, si es posible todos los días. De vez en cuando deben salir a eventos especiales, tales como conciertos, juegos, etc. y tener periódicamente "pequeñas lunas de miel", visitando lugares, playas o montañas donde puedan estar solos y gozar de la mutua compañía.

Unión emocional

La unión física y la unión emocional producen un alto sentido de compañerismo en la pareja, hecho que es trascendental para lograr un matrimonio feliz.

El esposo y la esposa deben serlo todo el uno para el otro. Este compañerismo es del más elevado sentido. El esposo debe ser el mejor amigo de la esposa y viceversa.

Elena White nos dice:

> Ella no debe tener secretos que rehúse revelar a su esposo y comunique a otros, y él no debe tener secretos que no diga a su esposa y relate a otros. El corazón de la esposa debe ser una tumba para los defectos del marido, y el corazón de él una tumba para los defectos de ella (*El Hogar Adventista*, p. 156).

Esto es ser verdaderos amigos y compañeros. Este compañerismo se revela también asistiendo juntos a la iglesia o a cualquier otro tipo de reunión y participando en actividades. En otras palabras, juntos hacia todos los lados, como grandes amigos.

Este tipo de compañerismo se distingue por su alto nivel de intimidad. Aunque se tengan otros compañeros y amigos íntimos además del cónyuge, sin embargo, con el esposo o la esposa se compartirán cosas íntimas y exclusivas que no se podrán compartir con los demás.

Esta intimidad matrimonial representa un compañerismo profundo y el compartimiento de experiencias y cosas en un nivel estrictamente personal, lo cual produce cercanía y un alto grado de unidad y sentido de pertenencia entre los cónyuges.

Unidad financiera

La unidad de los cónyuges requiere también de la armonía en la marcha de las finanzas. La situación financiera juega un papel principal en la vida matrimonial y la pareja debería trabajar como un solo cuerpo en esta área tan importante.

¿Quién debe atender las finanzas del hogar, el esposo o la esposa? ¿Debe el hombre llevar las cuentas? ¿Es el hombre el administrador y la mujer la secretaria, o la tesorera? ¿Quién debe determinar lo que se compra o no? La lista de preguntas es interminable debido a lo complejo de la situación y no pretendo ser exhaustivo en la presentación de este asunto. Sólo indicaré principios generales.

La idea que hay detrás de la unidad financiera es que los esposos estén de acuerdo acerca de las finanzas del hogar. El punto no es quién es el que manda o el que administra, sino que los dos estén de acuerdo en lo que se haga.

Habrá ocasiones cuando él prefiera que la esposa sea la encargada de hacer los pagos, girar los cheques, hacer los depósitos bancarios, etc., ya que ella tendrá interés de hacerlo y lo hará bien. Lo importante, sin embargo, es estar de acuerdo y tomar juntos las decisiones grandes e importantes acerca de lo que se va a comprar o no.

Al final del mes, es importante sentarse y evaluar la situación financiera del hogar. Ninguno debe sentirse relegado a un segundo plano en el asunto financiero, especialmente cuando los dos trabajan.

Aunque sé de algunos que prefieren tener sus cuentas de ahorros y cheques por separado, considero que no es eso lo más conveniente para la unidad financiera que debe existir en la pareja. Por otro lado, cada uno debería tener cierta cantidad, pequeña y limitada, para gastar en lo que desee. Es decir, que no sea necesaria una reunión para decidir si la esposa puede comprar una bebida mientras ande de compras o unos dulces cuando le parezca bien. Esa cantidad debe ser determinada por ambos y los dos deben mantenerse hasta donde se pueda dentro de lo acordado.

La clave para la estabilidad financiera familiar es el tener un presupuesto. Cada familia necesita tener un presupuesto para poder sobrevivir económicamente. Un presupuesto controla las salidas o gastos y permite ver en qué se está gastando el dinero. Los esposos deben sentarse y hacer una lista de los gastos del mes. Estos gastos, desde luego, no deben ser mayores que las entradas. Al final del mes debe revisarse la situación para ver si se siguió el presupuesto y qué ajustes podrían hacerse al respecto.

Es de gran importancia leer acerca de finanzas individuales y familiares, tomar tal vez algún curso, asistir a seminarios, etc. El pensamiento clave que quisiera dar en este asunto es que la pareja debe trabajar con todo ahínco para que la unidad financiera reine en el hogar. Esto es parte de la ley matrimonial.

Dos en una carne

El último aspecto de la ley matrimonial tiene que ver con las relaciones sexuales matrimoniales, las cuales hacen de dos personas una (1 Corintios 6:15-18). La relación más íntima que pueden experimentar dos personas, reservada exclusivamente para el matrimonio, está referida en el tercer aspecto de la ley del matrimonio: la sexualidad matrimonial.

La sexualidad en el matrimonio ocupará nuestra atención en el próximo capítulo.

Capítulo 6

La vida sexual matrimonial

Libros con títulos como *El goce del placer sexual, El regalo del sexo, Con la intención de placer* (con evidente énfasis en el placer) y muchos otros, tratan y destacan los diversos aspectos positivos que brinda esta parte de la conducta matrimonial. La sexualidad, platillo y postre del matrimonio que une a dos personas con vínculos imperecederos.

Sin embargo, no hay nada que tenga que ver tan poco con la felicidad matrimonial en general como la vida sexual y que dé lugar a tantos y tantos problemas. En realidad quien va al matrimonio con sólo lo sexual en mente, se llevará un tremendo chasco, puesto que ello no lo es todo en el matrimonio. Pero si algo marchara mal en la relación sexual, el matrimonio experimentará serios, muy serios problemas.

El Dr. Barry McCarthy, del Departamento de Psicología de la American University de Washington, estima que cuando la sexualidad marcha bien en el matrimonio, aquélla es un componente positivo e integral, pero que a la vez es un factor relativamente menor en la relación (15-20%); sin embargo, cuando hay problemas o disfunciones sexuales, entonces la sexualidad desempeña un papel muy importante, afectando por lo menos del 50 al 75% de la relación. En el mismo tren de pensamiento, el Dr. C. Penner, en su libro *The Gift of Sex*, estima que la sexualidad representa solamente un diez por ciento de la felicidad matrimonial en general; y sin embargo, cuando existe algún problema, más del 90 por ciento de los matrimonios reconocen algún tipo de problema sexual. Como dice el Dr. Grunlan en su libro *Marriage and Family*, una pareja puede tener buenas relaciones sexuales sin tener un buen matrimonio, pero no se podrá tener un buen matrimonio sin tener buenas relaciones sexuales.

La Biblia y el sexo

La sexualidad es el tercer aspecto de la ley matrimonial que encontramos en Génesis 2:24: el llegar a ser "una sola carne". De acuerdo con 1 Corintios 6:16, las relaciones sexuales unen a dos personas de tal manera que éstas llegan a ser una sola persona. Por eso la amonestación en 1 Corintios 6 es no tener relaciones sexuales con una prostituta, ya que la sexualidad debe ocurrir solamente entre aquellos que están unidos en matrimonio.

El sexo como aspecto muy importante de nuestra personalidad juega un papel fundamental en el matrimonio. Une y sella a dos personas en una intimidad única.

La Biblia tiene mucho que decir acerca de la sexualidad en general, particularmente en el contexto del matrimonio. Lo primero que encontramos es el hecho de que Dios nos hizo seres con características sexuales: "Varón y hembra los creó" (Gén. 1:27), y ordenó la reproducción: "Fructificad y multiplicad" (Gén. 1:28), hecho que se lleva a cabo mediante las relaciones sexuales. Es muy importante notar que todo esto ocurrió antes de la entrada del pecado, y no a consecuencia de ello. El Dr. Penner señala que el estado perfecto y sin pecado del hombre y la mujer incluía la unión sexual, y esto también era perfecto y bello como todo lo demás que Dios creó como parte de su plan de reflejarlo a él aquí en la tierra. El sexo es, pues, parte del plan original de Dios; fue parte de lo que Dios declaró ser "bueno en gran manera" (Gén. 1:31).

El acto sexual o coito es el conocimiento del cuerpo de la otra persona con la cual se llega a ser “una sola carne”. Es el medio por el cual se da y se recibe placer, es el compartimiento personal más íntimo entre dos seres. Es la unión mística entre marido y mujer que incluye lo emocional, lo físico, y lo espiritual: la persona completa.

Sexualidad e intimidad

Debido a su propia naturaleza, no hay relación más íntima que la sexual. Es la entrada y posesión del cuerpo de la otra persona. La vida sexual en el matrimonio provee una intimidad muy especial que no se debe tener con ninguna otra persona. El Dr. Smedes nos dice que la sexualidad es la intimidad de una persona con otra, la entrega del yo y la toma del otro, es la comunión que viene de la exposición personal en la toma de la otra persona. Este es el profundo placer que nuestra sexualidad nos urge a buscar y encontrar. La sexualidad en el matrimonio es la expresión más completa del amor, ya que, además del amor "phileo" y el amor "ágape", incluye también el amor "eros", el amor pasional; un tipo de amor que sólo se puede y se debe tener con el cónyuge.

El Dr. Conway indica acertadamente que la necesidad de intimidad, lo cual comienza muy temprano en la vida, es la necesidad de estar cerca de alguien, de sentirse seguro, de saber que se es de importancia y significado para otra persona. El Dr. Barry McCarthy nos dice que las principales funciones que cumple la sexualidad en una relación estable son las siguientes: compartimiento de placer, refuerzo de la intimidad y reducción de la tensión.

Se puede tener intimidad a cualquier nivel con otras personas, pero la intimidad sexual está reservada exclusivamente para el cónyuge, quien es el único que disfruta de esos beneficios.

El gozo y el placer sexual

Dios nos creó seres con características sexuales y dentro de sus planes están el gozo y el placer entre el esposo y la esposa. El Antiguo Testamento nos habla de la naturaleza placentera del sexo en Proverbios 5:18-19:

Sea bendito tu manantial,
y alégrate con la mujer de tu juventud,
como cierva amada y graciosa gacela.
Sus caricias te satisfagan en todo tiempo,
y en su amor recréate siempre.

En el Nuevo Testamento, en 1 Corintios 7:3-5, se nos presenta el mismo énfasis, de que ambos han de gozarse el uno con el otro, acentuando además las responsabilidades sexuales que el esposo tiene para con la esposa y viceversa:

> *El marido cumpla con la mujer el deber conyugal, y asimismo la mujer con el marido.*
> *La mujer no tiene potestad sobre su propio cuerpo, sino el marido; ni tampoco tiene el marido potestad sobre su propio cuerpo, sino la mujer.*
> *No os neguéis el uno al otro, a no ser por algún tiempo de mutuo consentimiento, para ocuparos sosegadamente en la oración; y volved a juntaros en uno, para que no os tiente Satanás a causa de vuestra incontinencia.*

La santidad de las relaciones sexuales matrimoniales está claramente presentada en Hebreos 13:4: *Honroso sea en todos el matrimonio, y el lecho sin mancilla. Lecho* es cama, de la palabra griega "Koité", que significa, de acuerdo con Tim LaHaye, "cohabitación e implantación del esperma masculino". De acuerdo con este texto, el lecho, o las relaciones matrimoniales, deben ser sin mancha. Quiere decir que no se vale de todo en la cama matrimonial. Las aberraciones sexuales, las prácticas inmorales y lo que desagrade al cónyuge son una mancha en la relación sexual matrimonial.

La sexualidad está sancionada y ordenada por Dios. Nuestros órganos sexuales fueron creados por Él para unir muy íntimamente al esposo y a la esposa en el matrimonio y para que se gozaran y deleitaran el uno con el otro. Aunque el propósito final de la sexualidad es la procreación y con ella la perpetuación de la raza humana, la sexualidad involucra también gozo y deleite de parte de los contrayentes.

Gran parte de la felicidad matrimonial consiste en el placer sexual. La sexualidad es un gozo y privilegio de los casados. No debería, por lo tanto, haber ningún sentimiento de culpabilidad, temor o remordimiento al lograr placer en la relación sexual. Al contrario, el placer y el deleite deben estimularse y fomentarse en toda relación sexual matrimonial.

Principios de sexualidad

Lewis B. Smedes en su obra clásica *Sexualidad para los cristianos* nos presenta tres principios bíblicos de sexualidad:

1. La sexualidad de cada persona está entrelazada con el carácter total de tal persona e integrada en su búsqueda de valores humanos. Es decir, es un componente integral de nuestro ser. Somos seres sexuados porque así nos creó Dios.

2. La sexualidad de cada persona significa una urgencia y un medio de expresar una relación personal íntima con otra persona. Es decir, es un medio que provee una relación íntima única entre dos personas.

3. La sexualidad mueve al individuo hacia una unión heterosexual de amor con compromiso. El orden natural de la sexualidad determina una unión heterosexual, que significa la unión de dos personas en una sola carne. Esta unión debe estar acompañada del compromiso único que brinda el matrimonio.

Las relaciones pre y extra maritales

¿Qué hay acerca de las relaciones sexuales pre o extra maritales? Siendo que el sexo está reservado exclusivamente para el matrimonio, la Biblia condena cualquier otro tipo de actividad sexual (Éxodo 20:14; Levítico 18:22; 20:13; 1 Corintios 6:9,18; 1 Tesalonicenses 4:3; 1 Timoteo 1:10, etc.).

La Biblia condena las relaciones sexuales prematrimoniales llamándolas fornicación. Es como comerse el postre antes de la comida (lo cual produce en muchos graves trastornos estomacales). Las relaciones extramaritales, por otra parte, son traición en su expresión máxima a los votos matrimoniales y a la confianza del cónyuge: lo que la Biblia conoce como el pecado del adulterio.

Sin embargo, aunque la Biblia, la iglesia y la sociedad los condenen, hay varias posiciones y prácticas al respecto. Jack y Judy Balswick presentan las siguientes acerca de la sexualidad premarital.

1. Abstinencia sexual. El mantenerse célibe y "puro", en castidad, hasta el matrimonio. Esta es la posición conservadora que sostiene la importancia de esperar hasta el matrimonio para tener relaciones sexuales. Incluye la posición bíblica, la cual también enseña que los casados no deben tener relaciones sexuales extramaritales.

2. El doble estándar. La posición, defendida por muchos, de que está bien que los hombres tengan relaciones sexuales antes de casarse, o con otra persona que no sea la esposa; pero que de ninguna manera está bien que las mujeres lo hagan. La Biblia no enseña en ningún lugar que sólo la mujer debe ser responsable de su sexualidad. La fornicación y el adulterio están condenados también para los hombres.

3. Permisión si hay afecto y amor. Este punto de vista enfatiza el hecho de que cuando hay amor, no hay impedimento para tener relaciones sexuales. Este es el argumento de muchos de los que cometen el pecado de la fornicación. Se verá que si en verdad hay afecto y amor, no se obrará en forma incorrecta y se esperará hasta el matrimonio. Y los casados no deberían tener afecto, ni mucho menos amor que los lleve a manifestaciones sexuales, con nadie que no sea el cónyuge.

4. Permisión si no hay afecto. Esta es la fórmula liberal, la del "amor libre", que lleva a la promiscuidad sexual. Las consecuencias de la promiscuidad y la libertad sexual de hoy son realmente alarmantes y tienen en jaque la salud de los habitantes de toda la tierra. Los que corresponden a esta categoría generalmente tienen

una serie de problemas en su vida que todavía no han resuelto. Cuanto antes se atiendan esos conflictos y se ponga alto a la promiscuidad, comenzarán a gozar de una vida más provechosa y satisfactoria.

Importancia de la educación sexual

Cada ser humano normal está constituido naturalmente para tener relaciones sexuales; sin embargo, el mal uso del sistema sexual puede ocasionar traumas en ambas personas, ya que un encuentro mecánico, tradicional e impersonal no satisface y puede acarrear grandes chascos en la relación matrimonial.

Por lo tanto es importante e imperioso conocer el uso y funcionamiento de los órganos sexuales y cómo se puede lograr el máximo placer sexual.

Esto tiene suprema importancia, especialmente para los esposos. Sin embargo, no se debe esperar saberlo hasta el momento de la luna de miel. De hecho, la educación sexual debe comenzar en el hogar, con los niños. Esto les ayuda a no ser promiscuos y, desde luego, a estar preparados para el matrimonio.

Algunos piensan que la educación sexual de los hijos es como enseñarles a robar. Que si se les enseña acerca del sexo, lo van a poner en práctica. Estudios recientes, como los de los investigadores Dawson, Kinnaird y Gerrard, demuestran que los siguientes factores influyen inmensamente para evitar la actividad sexual entre los adolescentes:

1. El asistir a la iglesia una o más veces por semana. Los principios morales y espiritules tienden a formar una barrera contra la promiscuidad.
2. Que la madre tenga un mínimo de 12 años de estudios.
3. Que los padres no estén divorciados. La inestabilidad de la familia de origen puede afectar la conducta sexual de los hijos.
4. Que sean educados sexualmente. La educación sexual tiende a evitar la promiscuidad sexual.

En los interesantes resultados de este estudio podrá notarse, además, que los valores religiosos y morales, así como su enseñanza y práctica por los padres, juegan un papel de gran importancia.

Solamente he querido aludir la importancia de la educación sexual. Los detalles incluidos en la educación sexual familiar y matrimonial están muy por encima del propósito de esta obra. El tema ha sido cubierto ampliamente por Clifford y Joyce Penner en sus libros *The Gift of Sex* y *A Gift for All Ages.*

Hacia una sexualidad positiva

El propósito general de este capítulo es presentar la importancia de la sexualidad en el cuadro de la felicidad familiar y apreciar los factores que contribuyen para alcanzar tal felicidad. A continuación veremos algunas ideas prácticas que pueden ser de gran ayuda en el mejoramiento de nuestra vida sexual matrimonial. Varios autores concuerdan con Grunlan en la importancia de las siguientes:

1. Es necesario conocer la fisiología de nuestros órganos reproductivos y la correcta terminología médica de las distintas partes de los órganos sexuales. Cualquier libro de anatomía o sexología presenta los nombres y funcionamiento de los órganos sexuales, así como el papel que desempeñan en la excitación y el placer sexual.

2. Se debe hablar de las necesidades y deseos sexuales sin reproches de carácter personal y procurar, hasta donde sea posible, la satisfacción de esas necesidades y deseos. Es muy importante saber lo que el cónyuge piensa, sus temores, sus gustos y expectativas. Aunque para algunos será algo difícil iniciar este tipo de conversación, pronto ellos se darán cuenta de los grandes beneficios que el hecho provee.

3. La pareja debería leer constantemente buenos libros acerca de la sexualidad y aplicar lo más que pueda a su matrimonio. Lo considero esencial. La pareja debería leer y comentar juntos acerca de lo leído. Esto ayudará grandemente en sus relaciones, ya que les proveerá información al respecto, comprensión de sí mismos y

material de conversación. Esta es, en gran medida, la cura para el enfado, la rutina y el aburrimiento de la sexualidad matrimonial.

4. Habrá algunas ocasiones cuando se preferirá la espontaneidad, mientras que en otras se deseará el tener una idea más o menos clara para ir haciendo los distintos preparativos físicos y emocionales. La variación en esta área proveerá mayor flexibilidad, lo cual aprecian muchas parejas.

5. No se debería usar jamás la sexualidad como una arma de venganza, coerción, o cuando se desea infligir algún castigo por algo; digamos, porque no se pierde peso, porque no se hace ejercicio, y así por el estilo.

6. La importancia del aseo y la limpieza personal no puede ser minimizada. Los malos olores debidos a falta de higiene, pueden ser un gran impedimento en el deseo y el goce sexual. Esto incluye la vestimenta tanto como el mismo cuerpo.

Mitos acerca del sexo

Los doctores Balswick y Masters & Johnson encuentran que a través del tiempo se han creado distintos mitos acerca del sexo, que afectan directamente las actividades sexuales de las parejas, ya que pueden cohibir o presentar otras formas de bloqueo en las relaciones sexuales matrimoniales. Entre los mitos más generalizados tenemos los siguientes:

El matrimonio resuelve los problemas sexuales

Lamentablemente el matrimonio no resuelve los problemas sexuales; al contrario, éstos se hacen más patentes, ya que se agudizan las disfunciones. Lo que el matrimonio resuelve es la satisfacción de la necesidad y la atención de las expresiones sexuales, pero no resuelve ningún problema de carácter sexual.

Los problemas sexuales deberán resolverse con algún profesional, médico o psicólogo, para lograr la satisfacción sexual necesaria y tener un matrimonio feliz.

El sexo lo es todo en el matrimonio

Quienes van al matrimonio con la idea de que en el matrimonio todo es sexo, se llevan un tremendo chasco, ya que la sexualidad no lo es todo. Y aunque la sexualidad ocupa un papel de mucha importancia en la relación matrimonial, hay otras expresiones de intimidad que son también importantes. Y si no se atienden los otros aspectos del matrimonio como se debe, entonces las relaciones sexuales se verán también afectadas.

La frecuencia de las relaciones sexuales

Otro mito muy común tiene que ver con la frecuencia de las relaciones sexuales. Algunos van al matrimonio con la idea de que se tendrán relaciones sexuales todos los días o hasta dos o tres veces por día. Y cuando ven que esto es muy difícil de alcanzar, se sienten desilusionados.

Se estima que el promedio normal para tener relaciones sexuales es de una o dos veces por semana. Desde luego que esto varía con las circunstancias y con la edad. Lo importante es que cada pareja se ponga de acuerdo acerca de la frecuencia y que ninguno de los dos se sienta desatendido.

Acerca del orgasmo

Hay muchos mitos acerca del orgasmo. Uno de ellos es que siempre hay que alcanzarlo en forma simultánea y que ése debiera ser el blanco de toda pareja. Aunque esto sea tal vez un buen blanco, será difícil lograrlo a menudo, y como resultado se producirá frustración en la pareja.

El orgasmo es el clímax de la relación sexual. Pero siendo que el hombre y la mujer responden en forma distinta a la estimulación sexual, es natural que no necesariamente tengan que alcanzar juntos el orgasmo. A veces puede ser ella primero, a veces él.

Otro mito está en relación con el orgasmo vaginal y el del clítoris. En la mujer el orgasmo se logra mediante la estimulación del clítoris en forma directa, o indirectamente mediante la estimulación de la vagina. El Dr. John Gray, en su libro *Mars and Venus in the Bedroom* reporta que en su experiencia clínica ha encontrado que el 98% de los orgasmos que experimentan las mujeres es el resultado directo de la estimulación del clitoris. Siendo que el clítoris juega un papel muy importante en el orgasmo femenino, será necesario estimularlo.

Los hombres saben todo acerca del sexo

Este mito tiene que ver con el hecho de que los hombres son los encargados exclusivos del funcionamiento y conocimiento de la sexualidad en el matrimonio. Ligado a este mito está el otro que dice que las mujeres no saben nada acerca de la sexualidad. La verdad es que los dos deberían saber todo acerca del sexo para ayudarse a lograr relaciones sexuales de éxito.

Los hombres deben siempre iniciar las relaciones sexuales

Si los hombres son los que siempre deben iniciarlas, esto prohíbe a las esposas a tener también la iniciativa, lo cual es un concepto incorrecto. Él o ella deberían sentirse libres para insinuar o iniciar la relación cuando la consideren necesaria.

Este mito tiene como fundamento la idea de que la mujer no debería expresar su interés sexual, ya que al hacerlo se rebaja a un nivel inferior, y que no es femenino mostrar este tipo de interés. Siendo que la mujer tiene las mismas necesidades que el hombre, en el matrimonio es apropiado que cualquiera de los dos inicie las relaciones sexuales. Los estudios han indicado que los matrimonios felices reportan que aproximadamente el 49% de las veces la iniciativa es mutua.

Problemas más comunes en la sexualidad marital

Con el paso del tiempo los matrimonios se van enfrentando a distintos problemas que menoscaban la salud sexual de la pareja.

Es muy importante identificar tales problemas y darles la solución debida lo más pronto posible. A veces será necesario buscar el auxilio de algún profesional especializado. Otras sólo se necesitará que la pareja hable al respecto, que ambos se pongan de acuerdo y procuren alguna solución. Lo importante, repito, es atender los problemas cuanto antes.

En muchas ocasiones los problemas matrimoniales, tales como la comunicación, las finanzas, los familiares, etc., afectan la sexualidad matrimonial y los problemas sexuales son solamente un síntoma de los otros que afronta la pareja. Por lo tanto, al arreglar los problemas matrimoniales, se solucionarán los relacionados con la sexualidad.

En otras ocasiones puede ocurrir que ciertas disfunciones sexuales sean la causa en sí de los problemas y esto repercuta en otros, tales como falta de comunicación, dificultades con los hijos, apatía hacia los familiares, etc. En estos casos las disfunciones sexuales deben ser directamente atendidas, ya que no representan los síntomas sino la raíz de los problemas.

Entre los problemas sexuales más comunes que toda pareja afronta, se hallan los siguientes:

1. Cuándo tener sexo y con cuánta frecuencia. Hay parejas en las cuales hay grandes diferencias acerca de la frecuencia con la cual se deben tener relaciones y también acerca de la ocasión. A algunos no les gusta muy tarde en la noche, a otros no les gusta durante el día; hay quienes se sienten mal al hacerlo cuando tienen visitas o cuando están visitando a familiares, etc. Lo importante es ponerse de acuerdo en este asunto y si es necesario llegar a un compromiso.

2. Interrupciones. Las interrupciones son siempre un problema muy serio y se deben evitar. A veces son los hijos, especialmente cuando son pequeños; a veces puede ser el teléfono, los familiares, etc. A muchas parejas les es difícil concentrarse debido al temor de ser "descubiertos" en forma inesperada, lo cual puede ser algo muy penoso. De allí la importancia de eliminar a toda costa las interrupciones.

3. Enfado y aburrimiento. Con el paso de los años es común que las parejas vean la sexualidad matrimonial como con enfado: una especie de rutina, o como un "mal necesario". Algunos llegan hasta a cansarse y optan por buscar otros horizontes y dejan, así, que se vaya apagando la llama del interés sexual conyugal. ¿Qué se puede hacer para evitar esto? Recomendaría principalmente dos cosas. En primer lugar, que se lean libros acerca de sexualidad y se miren videocintas acerca de cómo mantener encendida la chispa de la sexualidad en el matrimonio; y en segundo lugar, procurar revivir o aumentar el romanticismo entre los cónyuges.

4. Seriedad contra juego. Este problema se origina al considerar las relaciones sexuales con demasiada seriedad. No que no sean algo serio, pero con "demasiado serio" quiero indicar la ausencia del humor sano y considerado.

5. El temor. El temor llega a ser un obstáculo mayúsculo para lograr la completa satisfacción sexual. Pueden manifestarse varias formas de temor, tales como el temor a la intimidad, a la desnudez, al embarazo, a la obscuridad, etc. Todos estos temores podrían estar bien fundados, por lo que debería hacerse todo lo posible por hacerlos desaparecer; de lo contrario se producirían ansiedades e inhibiciones, que son las disfunciones más prevalecientes en muchas mujeres.

6. Disgustos. En algunas parejas se presentan disgustos a ciertas cosas. Algunos rechazan ciertas posiciones, o ciertas prácticas, como el sexo oral, etc. Es muy importante que la pareja hable sobre el particular, considere seriamente la situación y se convenza de que habrá muchas ocasiones en que tendrá que respetarse lo que alguno de los cónyuges simplemente no desea o no está de acuerdo en hacer.

7. Mala comunicación. La comunicación afecta todo, incluyendo lo sexual. Una mala comunicación puede ser el serio origen de insatisfacciones sexuales en el matrimonio. Los estudios indican que aproximadamente el 20% de las esposas manifiestan dificultades de comunicación en sus actividades sexuales. Toda pareja debería esforzarse por mejorar su comunicación en todos los sentidos, incluyendo lo sexual. Este puede ser quizá uno de los problemas más serios, ya que sin buena comunicación no se progresará en la solución de los problemas. El Dr. McCarthy recalca que aprender a comunicarse y la solución de conflictos, frustraciones y dificultades sexuales, es algo crucial para tener una vida sexual satisfactoria.

8. Expectativas. Varias clases de expectativas sexuales pueden constituirse en serios problemas; por ejemplo cuando ellas son muy altas y no se las alcanza en el matrimonio. Mencionemos también la circunstancia de que él espera relajarse y que la mujer haga todo, o la de que ella, antes de las relaciones, desea tener una cena muy romántica y a media luz, etc. Otra expectativa es pensar que toda experiencia sexual será igualmente funcional y satisfactoria para cada cónyuge. El Dr. McCarthy cree que esto es algo irreal, ya que él calcula que aún entre los matrimonios que se consideran felices y sin historial de disfunción sexual, del 5 al 10% de los encuentros sexuales son mediocres o un completo fracaso.

9. Falta de sensibilidad y consideración. Hay que estar advertido del hecho de que habrá ocasiones cuando, por diferentes motivos, no se podrá tener la relación sexual. Es muy importante ser sensibles y pacientes, por ejemplo, cuando él ha tenido un día muy agotador en el trabajo, o cuando a ella le ha ido mal en alguna forma, o cuando hay ciertas razones de carácter biológico (menstruación, fatiga, dolores, etc.) o psicológico (tristeza, ansiedad, depresión, etc,) u otras necesidades especiales que afronta el cónyuge.

Hay otros problemas sexuales que encaran los matrimonios y una práctica muy favorable sería que la pareja se sentara a reflexionar unos momentos e hiciera una lista de los problemas perceptibles y los pasos que pueden darse para resolverlos, ya que, como dice el Dr. McCarthy, los problemas sexuales -disfunciones, infidelidad, e infertilidad- son una de las mayores causas de disoluciones matrimoniales.

El otoño de 1993 el *Journal of Sex and Marital Therapy* publicó un estudio que varios investigadores realizaron entre 329 mujeres casadas para descubrir cuáles eran los principales problemas sexuales que encaraban en su matrimonio. Entre los problemas sexuales más comunes se encontraron la ansiedad o inhibición durante la actividad sexual (38.1%); falta de placer sexual (16.3%) y dificultad en alcanzar el orgasmo (15.4%). Otros problemas identificados fueron: la falta de lubricación (13.6%), la experimentación de fuertes dolores (11.3%) y el endurecimiento de la vagina o vaginismo, (6.8%). Los problemas de menor frecuencia fueron la hemorragia o irritación durante el coito (7.1%), cefalalgias o dolores de cabeza posteriores a las relaciones (4.5%), infecciones vaginales (4.2%) e incontinencia de orina durante la actividad sexual (3.3%). A pesar de esas dificultades, el 68.6% de esas mujeres indicaron que sus relaciones sexuales eran satisfactorias. Acerca de la frecuencia de las relaciones sexuales, se encontró que un poco más de la mitad (50.5%) deseaba hacerlo por lo menos cada semana. A la pregunta "¿Cuán importante en tu vida es tu actividad sexual?", la mayoría (69.9%) respondió que era algo muy importante.

Las fases de la relación sexual y el patrón de respuesta sexual

Existen entre los hombres y las mujeres diferencias básicas que afectan la respuesta sexual. La mayor dificultad es que no se toman en cuenta estas diferencias y se espera que el cónyuge reaccione en la misma forma que su pareja.

Aunque una vida sexual satisfactoria es el blanco común de las parejas casadas, el esposo y la esposa difieren en el sentido de lo que consideran satisfactorio. El énfasis del hombre está en el acto sexual en sí; eso es lo que generalmente se cita como lo más satisfactorio en las relaciones sexuales; mientras que para las esposas incluye un grado de envolvimiento afectivo y la satisfacción que brinda la relación que en general se tiene con el esposo. Los investigadores Darling, Davidson, Rosenzweig y Dailey informan en sus estudios que para las mujeres, serán mayores las posibilidades de que consideren su vida sexual satisfactoria en la medida en que la relación emocional con el esposo sea más íntima.

Una diferencia básica radica en el estado de preparación del hombre y la mujer antes de las relaciones sexuales. El hombre puede haber pasado un día miserable en el trabajo, haber peleado con sus compañeros de trabajo, con los hijos, y hasta con la misma esposa, y en la noche estará dispuesto a hacer el amor. Cuando la mujer, por otro lado, pasa por situaciones similares, será casi imposible que pueda responder sexualmente.

Me gusta la ilustración que presenta Gary Smalley cuando dice que el hombre es como el horno de microondas, está listo en unos cuantos minutos. La mujer es más bien como una olla eléctrica: toma mucho tiempo para estar lista. El problema se manifiesta cuando el hombre quiere que la mujer se comporte sexualmente como el horno de microondas.

Para que la mujer esté cabalmente preparada y pueda alcanzar el orgasmo, se necesita prepararla con mucha anticipación, con muchas horas de anticipación. Esa anticipación consistirá en palabras románticas, expresiones de ternura, ciertas sugerencias eróticas, y muchas, muchas expresiones de cariño. Ese es el "precio" que todo hombre tiene que pagar para gozar en plenitud de las relaciones sexuales con una esposa que responde y que está satisfecha.

El patrón de conducta sexual sugerido por Masters & Johnson nos presenta la conducta sexual, o los pasos importantes que generalmente se siguen, o se debieran seguir, antes y después de las relaciones sexuales. Este patrón reconoce las siguientes etapas: *Excitment* (excitación), *plateau* (meseta), *orgasmic* (orgasmo) y *resolution* (declinación, terminación). A éstas les he llamado las fases preparativa, de penetración, del orgasmo y de retracción.

La fase preparativa

Esta fase es de gran importancia. De ella depende el éxito o el fracaso de la relación sexual. Especialmente para las mujeres esta fase es básica, ya que ellas necesitan más tiempo que el hombre para estar listas. Este paso incluye los besos, las caricias, las palabras amorosas y románticas, y especialmente la excitación de las partes eróticas. En el estudio anteriormente citado de *Journal of Sex and*

Marital Therapy, se encontró también que la gran mayoría de las mujeres (61.4%) reportaron excitarse sexualmente con los besos, lo cual indica la importancia que tiene para la mujer el que se la bese, especialmente en forma romántica y sensual.

El ambiente puede contribuir grandemente para el éxito de esta fase: música romántica, velas aromáticas, perfumes, ropa provocativa ("sexy"), etc. Se ha discutido mucho recientemente acerca del uso de videocintas eróticas para ayudar en la fase de la preparación. Aunque las hay educativas, muy buenas sobre sexualidad, debe tenerse mucho cuidado con las pornográficas y de la dependencia a ellas para lograr la excitación. Hay parejas que se concentran más en las videocintas que en los cónyuges.

El problema de esta fase es que no se dedique el tiempo necesario para que la mujer alcance la preparación debida. El apresuramiento en esta fase puede arruinar la relación sexual, provocando una serie de trastornos especialmente en las mujeres, como la falta de placer, la "anorgasmia", la falta de lubricación e incluso el dolor. La educación sexual en esta área mediante seminarios, lecturas, o la ayuda de un consejero, puede ser beneficiosa para la solución de estos problemas.

La fase de la penetración

A la preparación sigue lo inevitable, la penetración del pene en la vagina. Aunque hay quienes prefieren decir: la toma del pene por la vagina. La excitación producida por la preparación proveerá los lubricantes naturales (o, en su defecto, habría que usar lubricantes artificiales, como vaselina, aceites naturales, etc.) para que la penetración se realice no solamente en forma cómoda, sin dolor, sino, además, en forma placentera.

Un principio clave en esta fase es que no debería nunca haber penetración sin invitación. La esposa debe marcar el paso en este punto e indicar claramente cuándo se encuentra completamente lista para proceder. La falta de atención a este principio puede producir "dyspareunia", es decir, penetración dolorosa. Esta fase incluye el cambio de posiciones y con ello varias penetraciones.

Los posibles impedimentos en esta fase pueden ser la impotencia en el hombre y el vaginismo o la vaginitis en la mujer. La intervención de un terapeuta puede ser muy útil para solucionar estos problemas que roban la delicia del placer sexual matrimonial.

La fase del orgasmo

Así como la preparación lleva a la penetración, la penetración lleva al orgasmo, que es el clímax de la relación sexual. En la mayoría de los casos los hombres no tienen problema con el orgasmo, el cual es identificado por el flujo del semen en la eyaculación. Las mujeres experimentan el orgasmo por medio de contracciones de los músculos vaginales. Una diferencia muy significativa entre el hombre y la mujer consiste en que el hombre, una vez producida la eyaculación, necesita varias horas para recuperarse y volver a tener otro orgasmo, mientras que la mujer es capaz de tener varios orgasmos en una misma relación sexual.

Pero las mujeres, en general, tienen cierta dificultad con el orgasmo, y un alto porcentaje de esposas reportan que en muy pocas ocasiones alcanzan el orgasmo durante sus relaciones sexuales. Un estudio realizado con cien mujeres que se consideraban "felizmente casadas" reportó que el 63% de ellas tenían dificultades con la excitación y con el orgasmo. El informe de Kinsey indicó que del 40% de las mujeres de ese estudio que alcanzaban el orgasmo, sólo lo lograban en un 10% de sus relaciones sexuales.

En el estudio de 329 mujeres anteriormente citado, se encontró que el 8.9% siempre tenía problemas en lograr el orgasmo; el 20.7%, dificultades por lo menos la mitad de las veces y el 28.8% indicó que afrontaban problemas ocasionales con el orgasmo. Todo esto representa el 58.4% de mujeres que informaron una frecuencia orgásmica inferior a la deseada.

El nivel de felicidad en general en el matrimonio es de mucha importancia para que la mujer pueda alcanzar el orgasmo. El Dr. Lief señala que se ha encontrado que la felicidad en el matrimonio en general está asociada a un alto grado de actividad sexual que remata en el orgasmo femenino.

Los problemas que se pueden presentar en esta fase y que inhiben el completo placer sexual son la eyaculación prematura o retardada y la "anorgasmia" en la mujer. La asistencia de un terapeuta ayudará para disminuir estos serios problemas.

La fase de la retracción

Es la última fase y tiene que ver con la conclusión en sí de la relación sexual. Nuevamente podrá notarse una diferencia en la forma de reaccionar de la mujer y del hombre durante esta fase. Para el hombre esta fase es demasiado corta. Después del orgasmo él pierde casi todo el interés. Después de la eyaculación, disminuye en él la excitación en el mismo grado de rapidez con que la alcanza. Sin embargo, la mujer siente todavía la necesidad de las caricias, que se la abrace, se la bese. En otras palabras, la mujer aterriza como avión, despacio, de la misma forma que despega; mientras que el hombre aterriza como helicóptero, de pronto y al punto.

El problema mayor durante esta fase estriba en que, en la mayor parte de los casos, como queda dicho, el hombre pierde completamente el interés por la mujer, mientras ella siente aún deseos de caricias y abrazos. Así ella puede desarrollar un resentimiento o abrigar la idea de que se la utiliza como un simple objeto.

Factores que influyen en el desarrollo y la conducta sexual

Se han hallado tres factores altamente importantes en el desarrollo de la actitud y la conducta sexual del individuo. Estos factores influyen de distintas maneras en el pensamiento y las acciones de los seres humanos. Presentados por los Balswick, ellos son: el determinismo social, el determinismo teológico y el determinismo biológico.

Determinismo social

El determinismo social consiste en las distintas creencias, expectactivas y niveles de conducta determinados por la sociedad en distintas épocas y en distintos lugares. Varían de acuerdo con la cultura y el tiempo. Son fuerzas externas que influyen o determinan nuestra actitud y conducta hacia las relaciones sexuales.

Debido a ello, ciertas culturas determinan en forma diferente el concepto de lo que es "sexual" o de lo que es "erótico". En algunas tribus del Africa y Sudamérica, por ejemplo, los pechos femeninos, especialmente desnudos, no tienen connotaciones tan eróticas como en otros lugares. El beso carece de importancia en otras, etc.

En el siglo pasado, en el período Victoriano, había muchos tabúes acerca del sexo. Existía una gran distinción entre el ágape y el eros. Ese período se caracteriza por una clara represión de todo lo sexual: hasta las patas de los muebles debían taparse para no fomentar pensamientos de carácter erótico. Las mujeres decentes no se podían bañar con los hombres en la playa. Si el esposo amaba a su esposa, no debía tener relaciones sexuales muy frecuentes. Era degradante para la mujer hacer el amor hasta con el esposo.

El cirujano general de los Estados Unidos declaró en 1867 que nueve de 10 mujeres decentes no experimentaban el más mínimo placer en las relaciones sexuales. Se pensaba que cuanto más se entregara la mujer a la pasión sexual con su marido, éste podía dejar de respetarla y amarla.

Un ejemplo claro de este determinismo (que influyó en el resto del mundo) es la situación ocurrida en los Estados Unidos entre las décadas sesenta y ochenta. Después de la segunda guerra mundial se había desencadenado un desenfreno sexual que culminó con el movimiento del amor libre de los sesenta y setenta. En la década ochenta, sin embargo, hubo una actitud más conservadora y un aprecio especial hacia la vida matrimonial y familiar. Dos estudios demuestran el efecto del contraste de estos dos períodos de influencia social. En 1973, uno de los estudios indicaba que el 60 por ciento de los hombres entrevistados manifestaron que no se casarían con las mismas cónyuges si tuvieran que escoger de nuevo.

Pero entre 1984 y 1986 dos estudios demostraron que el 77.1 por ciento y el 85 por ciento de los entrevistados, respectivamente, se volverían a casar con el mismo cónyuge si tuvieran que elegir de nuevo. Parecería que la mayor parte de individuos adoptan el ritmo que marca la sociedad.

Determinismo teológico

El segundo factor de gran importancia es el determinismo teológico. La influencia religiosa ejerce una inmensa presión en el desarrollo y la conceptualización del sexo. Este factor tiende a fomentar una actitud conservadora y jerárquica. Siendo que este factor influye mucho en un gran número de personas, será muy importante tener una perspectiva bíblica correcta del sexo. También es importante notar que este factor a su vez recibe la influencia de la cultura y la sociedad. Barth y Bonhoeffer discutieron ampliamente el grado de estas influencias.

En el ramo de la sexualidad, ningún teólogo ha influido tanto como lo ha hecho San Agustín, quien tenía serios problemas con la excitación y lo "irracional" del sexo. Encontraba muy significativo el hecho de que con la excepción del pene, las otras partes del cuerpo se subordinaran a la voluntad. Se lamentaba que en el acto marital a veces se rehusara a actuar cuando la mente lo deseaba, mientras que en otras se actuara en contra de la voluntad. Agustín establecía en el mismo nivel el pecado original, la concupiscencia y la excitación sexual.

El cristianismo adoptó gradualmente muchas de sus actitudes hacia la vida sexual. Agustín enseñaba que las relaciones sexuales eran el resultado de la lascivia animal y la procreación era la única justificación para las relaciones sexuales entre el esposo y su mujer. Gradualmente la iglesia cristiana adoptó este concepto.

Durante la Edad Media era creencia común que el sexo era la obra de Satanás y que los ángeles se ausentaban cuando los esposos tenían relaciones sexuales. Los que no se conformaban a las creencias de la iglesia en este aspecto eran acusados de "herejes". Irónicamente, a muchos herejes del período medieval se los acusó de cometer pecados sexuales.

El concepto dual platónico de mente y cuerpo que designa la mente como lo bueno y el cuerpo como lo bajo y malo, fue llevado al nivel familiar clasificando a la esposa como lo bajo y malo y al hombre como lo bueno del matrimonio.

Orígenes (c. 225) creía que el alma estaba ligada al cuerpo como un castigo. Venir al mundo, por lo tanto, no era causa de celebración o gozo y, claro, los cumpleaños y sus fiestas estaban fuera de lugar y se consideraban tabúes. Aunque no prohibía los matrimonios, consideraba las relaciones maritales permitidas solamente con intenciones de procreación. Consecuentemente las relaciones sexuales no eran propias durante el embarazo. La oración en la cama matrimonial carecía de sentido y no se debía tomar la santa cena después de tener relaciones sexuales. Altamente inspirado por los sacerdotes paganos que practicaban el celibato, Orígenes deseaba lo mismo para el cristianismo.

Estas ideas han modelado grandemente el concepto de vida familiar, especialmente en el área de la sexualidad. Nacidas de posiciones teológicamente erróneas, persisten hasta nuestros días. Este concepto le hizo decir en cierta ocasión a Billy Sunday antes de iniciar su sermón: "Todas las mujeres presentes, por favor, crucen las piernas y cierren las puertas del infierno".

Determinismo biológico

Hay también ciertos factores biológicos que influyen seriamente en la conducta sexual del individuo. Entre ellos mencionaremos:

1. La tendencia, urgencia, o "aceleramiento" sexual natural de la persona. Definidamente no todas las personas tienen la misma tendencia, ya que su naturaleza humana, muchas veces mediante el sistema hormonal, determina altamente la urgencia hacia las relaciones o necesidades sexuales. Esto puede convertirse en un serio problema y los matrimonios deberían hablar y ponerse de acuerdo al respecto.

2. Existen también algunos problemas de carácter psicológico,

tales como la baja estima propia, la depresión, la ansiedad, etc., que afectan la conducta sexual. No se puede esperar que una persona actúe normalmente en lo sexual cuando está pasando por una depresión seria o por momentos de gran ansiedad. Es de gran importancia tratar primero los problemas psicológicos para que la vida sexual pueda verse mejorada.

3. Otro aspecto de gran importancia se relaciona con los problemas fisiológicos o las enfermedades físicas. Entre las más comunes tenemos el vaginismo, la vaginitis, la eyaculación prematura, la eyaculación retardada, la frialdad, la impotencia, la anorgasmia, etc. Algunos de estos problemas pueden ser de carácter psicosomático, pero sería bueno someterse a un examen médico antes de entrar en los aspectos psicológicos y los ejercicios que pueden ayudar a resolver muchos de estos problemas.

Condiciones para una sexualidad positiva

Termino este capítulo con ciertos consejos prácticos que, aunque ya se mencionaron anteriormente, espero sirvan para reforzar los conceptos presentados. El Dr. Humphrey en su libro *Marital Therapy* nos presenta algunas condiciones que ayudan grandemente para alcanzar una sexualidad matrimonial positiva. A continuación mencionaré las que considero más importantes.

Suficiente tiempo

Aunque a veces, bajo ciertas circunstancias, las parejas pueden gozar de una relación sexual rápida, o relámpago, generalmente se requiere un tiempo razonable para tenerla. Lo de razonable es desde luego muy relativo. Lo que hay que tomar en cuenta es que las mujeres tienden a tomar más tiempo que los hombres. Si se sigue el ritmo del hombre, lo más seguro es que será muy rápido. El hombre debe tener paciencia y esperar a la mujer. Aquí es donde muchos hombres fallan, ya que se preocupan sólo por su propia satisfacción. Se dan casos frecuentes de esposos que terminan el coito cuando las esposas apenas lo comienzan. A ello se debe que ellas se sienten insatisfechas sexualmente en su matrimonio. Una esposa comentó en una reunión: "¿Cómo se sentiría un esposo que en la mitad de la relación sexual, antes de que él terminara, la mujer se volteara y se quedara dormida y no quisiera ya nada más? Bueno, eso ocurre en la mayoría de los casos con las esposas".

Debido a las demandas familiares, los horarios de trabajo, etc., a veces es difícil tener el tiempo suficiente. Pero para lograr una sexualidad matrimonial positiva, es muy importante emplear el tiempo necesario no solamente para la complacencia personal sino para la complacencia y deleite del cónyuge, especialmente la esposa.

"Privacidad" o aislamiento

La falta de aislamiento o "privacidad" puede inhibir tremendamente la sexualidad matrimonial. El temor a ser descubiertos o a que otros se den cuenta de lo que está pasando, puede evitar el que se goce en plenitud de la relación sexual.

Aunque las parejas en años pasados gozaban de poco aislamiento, ya que había muchos hijos, o familiares que vivían en la misma casa en cuartos adyacentes y aun, a veces, todos en el mismo cuarto, actualmente las parejas necesitan mucho aislamiento. Es algo muy normal.

Por lo tanto hay que hacer planes en ese sentido. Algunas circunstancias incluirán el que haya seguros en las puertas, que las camas no rechinen, etc. Los esposos deben hablar al respecto y ser sensibles a esta situación.

Libertad del temor al embarazo

El temor al embarazo cohibe la habilidad de relajarse y gozar de la relación sexual, especialmente cuando no se desea tener hijos y no se han tomado medidas de precaución al respecto.

Por lo tanto será muy importante conocer métodos anticonceptivos. Para ello será esencial hablar con un médico para entender los pros y los contras acerca de los distintos métodos que existen y para determinar cuál es el que conviene más a cada pareja.

Aceptación de la sexualidad propia

El esposo y la esposa deben aceptarse a sí mismos como hombre y mujer. Los conflictos sobre orientación sexual individual deben corregirse para aceptar completamente la propia sexualidad.

En este respecto ayuda mucho no sólo la aceptación personal, sino la certeza de la aceptación de la otra persona. El esposo que le dice constantemente a la esposa lo muy bonita que es y lo mucho que le gusta su cuerpo, tiene una influencia positiva sobre la mujer y sobre sus relaciones íntimas. Como podemos imaginarnos, lo contrario tiene también efectos negativos.

Libertad de conciencia

Si alguno de los cónyuges percibe que cierto comportamiento sexual es malo o inapropiado, evitará el poder actuar y sentirse bien sexualmente. Será necesario, entonces, respetar la conciencia del cónyuge. El matrimonio no anula las enseñanzas acerca del sexo como acto pecaminoso que puedan traerse a él.

Sensibilidad hacia los sentimientos y madurez para respetarlos

Se debe conocer, reconocer, respetar y actuar de acuerdo con los sentimientos del cónyuge. Es importante aceptar y respetar los diferentes niveles de interés sexual que se producen a veces debido a las circunstancias.

Práctica

El acto sexual es un acto que se aprende, no un comportamiento instintivo. No sólo se deben desarrollar habilidades personales mediante la práctica, sino que, como pareja, se deben también desarrollar y mantener habilidades colectivas, como de “equipo”.

Cuando una o más de estas condiciones están constantemente ausentes, no se podrá esperar una buena relación sexual. Hay que recordar que cuando hay problemas relacionados con la vida sexual, será importante acudir a un profesional para resolverlos y para gozar de la vida matrimonial en toda su plenitud.

Romanticismo

Si hay una área de la vida matrimonial afectada directamente por lo romántico, ella es la de la vida sexual. Lo romántico le da sabor a la relación sexual matrimonial. A mayor romanticismo, mejores relaciones sexuales. El placer sexual está en relación directa con el grado del aspecto romántico experimentado por la pareja antes, durante y después de las relaciones sexuales.

Una esposa mencionaba que cuando el esposo era cariñoso con ella durante el día, cuando la besaba antes de irse al trabajo, la llamaba sólo para decirle que la quería mucho, le traía una rosa, etc., no tenían qué preocuparse acerca de las relaciones sexuales. "Estoy lista cuando él quiera", concluyó la esposa.

Es muy importante no ser romántico de ocasión, solamente cuando se deseen tener relaciones sexuales, sino tener relaciones porque se es romántico. Y de la misma manera que es importante el ser afectuoso con el cónyuge, es importante también el saber recibirlo y apreciar sinceramente cuando el cónyuge demuestra su romanticismo.

Después de discutir distintas estrategias y técnicas de terapia sexual, el Dr. McCarthy concluye con lo que considera son los elementos que aseguran una vida sexual matrimonial satisfactoria: intimidad emocional, placer sin demandas, estimulación mutua múltiple y expectativas reales. Cuando procuramos que estos elementos formen parte de nuestra relación, disfrutaremos plenamente de las delicias que brinda la vida sexual en el matrimonio. Esto es parte de la ley matrimonial que Dios instituyó para nuestro beneficio.

Capítulo 7

Las estaciones del matrimonio

Como todo en esta vida, el matrimonio pasa también por un proceso de desarrollo. A este proceso se le conoce como pasaje o estaciones. Es de esperarse que algunas de estas estaciones sean más hermosas y llevaderas mientras que otras suelen ser horribles y grandemente destructivas. Los matrimonios felices son aquellos que saben cómo mantener los momentos hermosos a pesar de pasar por etapas que para muchos son destructivas; es decir, los momentos difíciles no son tan críticos como lo son para otros.

Las estaciones difíciles no tienen que infligir en el matrimonio heridas de carácter mortal. No hay duda que todo matrimonio tendrá sus momentos difíciles, pero éstos no deberían agobiar ni ahogar la relación matrimonial. Con la ayuda de Dios y con el esfuerzo de los cónyuges, se puede pasar victoriosamente por las vicisitudes más duras que enfrente el matrimonio. Las crisis de las distintas etapas de la vida no tienen que ser necesariamente crisis si se aprende a confiar en el poder de Dios y a afrontar juntos los problemas hasta alcanzar la victoria.

En este capítulo notaremos algunas de las etapas más importantes por las que pasan los matrimonios. Veremos algunas etapas emocionales y algunas etapas biológicas. Todas ellas son consideradas estresantes horizontales que afectan al sistema matrimonial y familiar. En medio, a manera de sandwich, presento el concepto del matrimonio como un pacto: concepto moral y espiritual que afecta verticalmente al sistema matrimonial.

Del romanticismo a la aceptación

El Dr. Guernsey en su libro *The Family Covenant: Love and Forgiveness in the Christian Home* presenta algunas de las etapas, principalmente emocionales, por las cuales pasan casi todos los matrimonios. Estas etapas van desde el romanticismo hasta la aceptación.

La etapa romántica

Ésta es, sin duda alguna, una de las estaciones más bellas, la más hermosa, tal vez la primavera del matrimonio, cuando todo es color de rosa; cuando los esposos se dicen el uno al otro: "eres perfecto, exactamente lo que andaba buscando. Eres la persona ideal y seremos felices toda la vida". Es el sueño hecho realidad. Ella, la princesa; él, su soñado príncipe azul.

La etapa más linda. Y sin embargo, en esta etapa muchos deciden terminar con la relación; esto ocurre especialmente cuando se tuvo un mal noviazgo. No fueron capaces de pasar la prueba de la adaptación. El momento cuando se destapa la infatuación y se descubre que entre ellos no existía el verdadero amor. Ahora es cuando el novio o novia ve y descubre rasgos de carácter imposibles de soportar y que lamentablemente se desconocían hasta entonces. Sólo que ahora, al volverse atrás, habrá de ser necesario deshacer un matrimonio, cuando lo que se debió deshacer era el noviazgo.

En esta etapa se ponen las bases de lo que será el futuro matrimonio. Se establecen ritos, costumbres y hábitos que permearán toda la vida. Cuán importante es el pensar seriamente, a medida que se van poniendo esas bases, si ése es el rumbo que se quiere seguir en la relación matrimonial. Éste es el tiempo más importante para hablar, para expresar deseos, ideas y gustos.

La etapa del compromiso

Un día, uno de los cónyuges se despierta y dice: "Después de todo, no eres tan perfecto como yo pensaba. Necesitamos cambiar". Comienza el tira y afloja dentro del matrimonio. Termina la luna de miel y todo ya no es de color de rosa. Ahora viene la realidad de la vida matrimonial cuando, después de todo, no todo es romanticismo.

Los que no salen huyendo cobardemente después de descubrir cosas que no estaban de acuerdo con sus expectativas, son los que entran ahora en otra etapa, la etapa del compromiso, la del ponerse de acuerdo. Ni él es perfecto, ni ella es perfecta, tal como todos los demás lo decían. Ahora, o se separan o se ajustan. Este ajuste se lleva a cabo mediante una serie de compromisos que asume la pareja. Decide cada uno poner de su parte para que la relación marche lo mejor posible. Él está dispuesto a ceder en ciertas cosas y ella está dispuesta a hacer lo que puede. Las parejas que aprenden a manejar el arte de llegar a un acuerdo mutuo, cediendo y obteniendo, son las que aprenden a resolver una gran serie de problemas en su relación matrimonial.

La etapa coercitiva

Cuando el compromiso parece que no funciona, se apela entonces a métodos coercitivos. Esto ocurre cuando en la desesperación de que el cónyuge cambie, se recurre a cualquier medio disponible para que el cambio se produzca.

Aquí es cuando ella, por primera vez, se va con sus padres y amenaza con no volver hasta que él cambie. A veces es él el que se va. La idea es torcer el brazo para que la persona haga lo que uno desea que se haga, lo que parecería ser mejor para el bienestar matrimonial.

Se busca el apoyo de los familiares o de los hijos para que el esposo (o la esposa) se dé cuenta del mal que está haciendo, lo que se conoce como "triangulación". A veces se recurre al pastor, o a los consejeros.

La etapa de la desesperación

Esta es una etapa crítica, cuando uno o ambos cónyuges sienten altos niveles de desesperación debido a que la situación matrimonial no mejora. Se comienza a pensar en la posibilidad de una separación prolongada, tal vez real, o tal vez mental.

Hay desconcierto porque a pesar de haber aplicado varias estrategias, parecería que ninguna funciona y que el matrimonio se escurre como agua entre las manos.

Esta etapa va acompañada generalmente de ciertos trastornos psicológicos que se manifiestan en altos índices de estrés, depresión, ansiedad, y con todos los síntomas que ellos presentan, tales como dolores de cabeza, insomnio, problemas gastrointestinales, falta de apetito, desórdenes en la alimentación, irritabilidad, nerviosismo, etc. Hay un fuerte temor frente al futuro incierto. Se pesan las distintas posibilidades, se piensa en las diferentes alternativas.

La etapa de aceptación

Si los cónyuges se han soportado hasta ahora, si en la etapa de la desesperación no se opta por alguna alternativa drástica que destruya el matrimonio, entonces sigue la etapa de la aceptación. Tal vez con un poco de resentimiento y frustración, la pareja acepta la realidad. Existe la disposición de seguir en la relación a pesar de algunos inconvenientes que, después de todo, se pueden sobrellevar. No es una situación ideal, ni lo esperado, pero al parecer es lo mejor que se puede conseguir. Es una etapa de conformidad, muchas veces con algo menos de lo que se esperaba.

El pacto matrimonial

En la progresión matrimonial desde la etapa romántica hasta

la de la aceptación, lo único que permite mantener la relación entre los cónyuges es el alto concepto que se tenga del matrimonio. Si se ve en el matrimonio la oportunidad del beneficio personal exclusivo, cuando ocurran los primeros cambios o se presente el primer disgusto, la persona deseará deshacer la relación. Ante las vicisitudes de la vida uno o ambos cónyuges levantarán bandera blanca para seguir su propio destino tratando de acallar la conciencia con frases de resignación parecidas a ésta: "Teníamos diferencias irreconciliables", e incondicionalmente se rendirán ante el despiadado enemigo del matrimonio: el divorcio. Este es el caso típico de los que ven el matrimonio como un mero contrato; un contrato que cuando una de las partes ya no cumple con las estipulaciones, se lo anula para quedar libres del compromiso.

Pero la unión matrimonial debe ser más que eso, algo más que un mero contrato. Debe ser un pacto, el pacto matrimonial. Un pacto no se basa en la mera satisfacción propia, egoísta. El pacto se enfoca en el bienestar de la otra persona por encima de los intereses personales. Un pacto se caracteriza por la aceptación incondicional y por el amor incondicional.

La aceptación incondicional toma al cónyuge tal y como es, con todas sus deficiencias y problemas, y lo ayuda a mejorar hasta donde sea posible. Pero se lo acepta, como decimos antes, por lo que es y por lo que puede llegar a ser. Se le manifiesta cariño y se le hace sentir querido y necesitado. Se le acepta porque es parte integral de nuestro ser, parte de nuestra propia carne.

El amor incondicional no depende de las acciones que el cónyuge realice o deje de realizar. Se lo ama. Punto. Para siempre y bajo cualquier circunstancia. En las buenas y en las malas.

Este pacto, con amor y aceptación incondicional, es la característica suprema de todo matrimonio que no se da por vencido ni se conforma con nada menos que la victoria. Cuando los cónyuges se aman y aceptan incondicionalmente, registrarán los niveles más elevados de felicidad.

Los matrimonios no tienen que pasar por todas las etapas anteriormente mencionadas. No tienen que conformarse con la idea de "peor es nada". Matrimonios felices son los que procuran continuar a toda costa con el período romántico durante toda la vida. Los que son novios eternos. Los que buscan y procuran cambiar para bien cada vez que es necesario. Los que saben que el matrimonio es para toda la vida y procuran hacer de él un producto supremo.

El desarrollo del matrimonio en el ciclo de la vida

Fundada en estudios previos como los de Sigmund Freud (el desarrollo psicosexual) y Erick Erickson (el desarrollo psicosocial), Evelyn Duvall, a quien se le da el crédito de haber formulado la idea del desarrollo de la familia, nos dice que los matrimonios pasan por ciertas etapas sucesivas con distintos problemas y características especiales. Estas etapas son mayormente de carácter psico-biológico en que el desarrollo del primer hijo va generalmente marcando la pauta. Los principios generales de esta teoría son los siguientes: Cada familia, matrimonio e individuo pasan a través de ciertas etapas en la vida; la entrada o salida de algún miembro crea estrés en la relación; cada ciclo se completa dentro de un período de tiempo; las aspiraciones individuales, las expectativas sociales y culturales y la maduración física del individuo son factores que afectan directamente esa evolución o desarrollo.

Basado en esta idea, menciono a continuación las que me parecen las más importantes etapas del matrimonio en el ciclo entero de la vida familiar.

Construyendo el nido: La luna de miel

Esta etapa es la de la formación del hogar: la boda, la luna de miel, los planes definitivos de vivienda, trabajo y el planeamiento familiar. En el ciclo de la vida matrimonial, este es el período donde se goza, como es de esperarse, de mayor felicidad. Aquí se aplica el consejo que da el Dr. James Dobson en el libro *Love for a Lifetime*: "La clave para un matrimonio feliz es tener los ojos bien abiertos antes de casarse, y medio cerrados después".

Hasta la llegada del primer hijo los esposos generalmente cuentan con más tiempo para ellos, con más aislamiento, más intimidad y más energías. Se sueña con el porvenir, se planea para un glorioso futuro.

Cuanto más tarden en llegar los hijos, mejor. Lo ideal es un período de tres a cinco años antes de que venga el primer hijo, para que los esposos se conozcan y se adapten mejor. Esta adaptación es lo que se conoce como el ajuste matrimonial; la prueba que muchos, desafortunadamente, no pasan y que en el primer año de su matrimonio los lleva a estrellarse contra las rocas del divorcio.

Un dicho francés dice que un matrimonio perfecto está compuesto de un esposo mudo y una esposa ciega. Pero como no todos los matrimonios cumplen estos requisitos, es de esperar que haya fricciones en los primeros meses y años de casados. Éste puede ser un período muy severo. Aquí termina la luna de miel y muchos se quedan con la mera luna. Un proverbio polaco dice: "la mujer llora antes de la boda y el hombre llora después". La verdad es que muchas veces los dos tienen que llorar ante los ajustes matrimoniales. Pero todo esto es parte del crecimiento que la pareja debe experimentar. Aquí es cuando se aprende a ser paciente y considerado, sin ansias de dominio ni egoísmo; se aprende a procurar la unidad, porque se considera el matrimonio lo más importante de la vida. Y a medida que pasa el tiempo, aumentan las posibilidades de permanecer juntos.

Se llena el nido: Los "baby showers" y la escuela

La noticia de que viene el primer hijo es algo realmente increíble. La paternidad. La prolongación del amor de los cónyuges en la expresión de un bebé. Fueron dos en uno; ahora serán tres. Pero al gozo lo acompaña la incertidumbre, la falta de preparación, la inexperiencia, los temores.

Se acabó la paz. Botellas, pañales, llantos, son la orden del día. ¡Ah!, pero qué alegría ver a los hijos sonreír y cargarlos y colocarlos sobre el pecho. Luego rompen el aire y se oyen las primeras palabras, y los primeros pasitos leves.

Cuando los hijos llegan, llegan para siempre. No se van jamás, ya que aunque estén lejos físicamente, están siempre en el corazón, el recuerdo y las oraciones de los padres. Y por muy grandes o viejos que estén, siempre serán "los niños".

Con esta etapa se inicia una nueva responsabilidad: la paternidad. Y muchos, con la misma falta de preparación con que fueron al matrimonio, van ahora a la paternidad. Y es que un buen padre, al igual que un buen matrimonio, no nace, sino se hace. Cuán imperioso es estudiar sobre la crianza de los hijos, la formación del carácter, el cuidado, y sobre todo la disciplina.

Al poco tiempo los hijos comienzan a ir a la escuela, luego se gradúan, se casan y se van. Las bases que se pongan, especialmente durante la niñez, servirán de guías para ordenar la relación entre padres e hijos y los que determinarán, en gran medida, su éxito o su fracaso.

Muchos se saltan este paso y con ello los siguientes, ya que o no quieren tener hijos o no pueden. Los que no desean tener hijos, suelen reportar mayor felicidad en su relación matrimonial, mientras que los que no pueden tenerlos, reflejan mayor grado de infelicidad.

Diana y David Garland, autores de *Marriage: for Better or for worse*, basados en muchos estudios, resaltan el punto cuando nos dicen:

> Tal vez nada trae tanto gozo o estrés al matrimonio como el nacimiento y la crianza de los hijos. Normalmente esperamos que los hijos unan más a las parejas y den a la relación propósito y significado. Sin embargo, las investigaciones han encontrado que ocurre lo opuesto. Las parejas con hijos reportan menos satisfacción e intimidad en sus matrimonios que las que no los tienen. La felicidad matrimonial es mayor antes de que nazcan los hijos y cuando se van de la casa (Campbell, Converse, & Rogers, 1976; Glenn & Weaver, 1978; Luckey & Bain, 1970; Renne, 1970; Rollins & Galligan, 1978; Russell, 1974; Ryder, 1973; Spanier, Lewis, & Cole, 1975). Esto es particularmente cierto en el caso de las parejas que ya experimentan estrés en sus matrimonios antes de que nazcan los hijos. Las parejas que tienen matrimonios satisfactorios experimentan menos estrés y cambios negativos cuando nace un hijo que aquellas parejas que tienen problemas (Harriman, 1986) (pp. 121-122).

Agitación en el nido: Guerrilleros en la casa

Cuando los hijos llegan a la adolescencia se arma una revolución en el hogar de tal magnitud que se cimbran las bases de la familia. Hasta las familias más felices reciben los rayos y truenos de esta tormentas. Y esto, desde luego, afecta directamente al matrimonio. En el ciclo de la vida matrimonial, éste es el período donde los matrimonios experimentan mayores niveles de infelicidad. Se debe a que durante este período se conjugan dos fenómenos: Los hijos en la adolescencia y los padres en la vida media.

En esta etapa los hijos están pasando por la edad más difícil mientras que los padres, nos dice el Dr. Conway, están pasando por "la segunda adolescencia". El Dr. Dobson señala que la adolescencia, la vida media, y la menopausia son la "sopa diabólica" que se cena en muchos hogares.

Lo paralizante es que de un día a otro los niños sumisos y obedientes se vuelven rebeldes y desconsiderados, lo cual trastorna todo el sistema familiar.

Peñalosa describe muy acertadamente al adolescente como nervioso, inquieto, versátil. Fluctúa entre la seriedad y la ligereza. Con frecuencia no sabe lo que quiere, o le parece que lo sabe de sobra. Le gusta la soledad y no puede vivir sin compañeros. Critica los modos de ser de su mamá, tan tradicionales, pero le hace cariños al pedirle permiso para ir a la fiesta. Es, a la vez, grosero y fino; violento y dulce; paciente y arisco; vigoroso y lánguido; infatigable y flojo; callado y juguetón.

Carter y McGoldrick enumeran algunos de los desafíos que los adolescentes portan al matrimonio cuando señalan que ellos traen a la familia nuevos estilos, nuevo lenguaje, nuevos modos, nuevos valores, nueva conducta. Son un puente entre lo viejo y lo nuevo y funcionan como "su majestad la oposición". Son ásperamente críticos y brutalmente francos. Les gusta poner a los adultos contra la pared, provocarlos y probar su autoridad, mientras que al mismo tiempo demuestran vulnerabilidad, confianza y afecto infantil que puede derretir los corazones. Esta combinación de niño y adulto confunde a los miembros de la familia al tratar con el adolescente.

Son estas contradicciones las que también desorientan a los padres. Quieren que ya sean adultos. Y ahí está el problema: que no son todavía adultos, pero tampoco son niños. Y si hay algo que odian los adolescentes es que se les trate como a niños; de allí la tendencia a rechazar todo tipo de intrusión.

Si los papás no los comprenden, tampoco ellos se comprenderán a sí mismos. En la adolescencia surge el despertar progresivo de los instintos, de las tendencias, de las necesidades, de los deseos. Con el cuerpo ha evolucionado el espíritu y todo esto desconcierta al adolescente al tratar de tomar posesión de sí mismo.

El nudo de la cuestión, dice Peñalosa, es que los hijos han evolucionado. ¿Desean los padres evolucionar también? Esto requiere estar disponibles cuando se los necesite, aconsejar oportunamente cuando sea necesario, mostrar el camino, ser pacientes, muy pacientes. Pero sobre todo, ser amigos. Y todo esto requiere de tiempo, mucho tiempo.

El problema es que mientras los hijos están pasando por esos problemas y necesitan tanto la ayuda de los padres, los padres están pasando también por una crisis, la crisis de la vida media. Ese desajuste viene sobre muchas parejas de 35 a 45 años de edad, cuando comienzan a experimentar ciertos trastornos biológicos y psicológicos.

Jim Conway en el libro *Men in Mid-Life Crisis* nos dice que el hombre se encuentra entonces con cuatro principales enemigos: su cuerpo, el cual empieza a envejecer, es más lento, menos atractivo, más enfermizo; el trabajo, que en lugar de ser un desafío agradable se convierte en algo tedioso, aburrido, mal pagado, sin mucho futuro; su esposa y su familia, los cuales son la fuente de mayores problemas, ya que los hijos son unos rebeldes y ella, por lo general, una desconocida; y el cuarto y último enemigo es Dios, ya que gracias a él se tiene el cuerpo, el trabajo y la familia.

En el hombre se desata una lucha interior muy grande por lograr más intimidad y compañerismo, especialmente con una mujer, y si es más joven que su esposa, mejor. En ella la lucha es por lograr más identidad, llegar a ser algo independientemente de su esposo, tal vez terminar una profesión, trabajar fuera de casa y alcanzar un blanco en la vida, en fin, cambiar de vida. Por lo tanto la preocupación de ambos es por verse más jóvenes; para lo cual se compran ropa más juvenil, cambian el estilo de peinado, etc. Para sentirse más jóvenes entran en gimnasios, se compran una motocicleta, carros deportivos, etc. Pero se ven confrontados con la cruda realidad, y las consecuencias son la depresión, el enojo, la frustración, y hasta la rebelión contra todo lo establecido, aún las creencias y valores personales.

Este es un tiempo de alto riesgo para los matrimonios. Un período cuando las carreras y profesiones se ven interrumpidas y se hacen presentes las relaciones extramaritales. Esta es la etapa cuando el cónyuge ve a su compañero o compañera de cuarenta y lo quiere cambiar por dos de a veinte.

Y mientras los padres andan afanados con sus luchas personales y matrimoniales, los hijos andan también con sus problemas. Y cuando padres e hijos se confrontan, la familia se vuelve un verdadero campo de batalla.

Pero ni la adolescencia ni la vida media tienen que ser una crisis que afecte a la familia. Mucho depende de lo que se haga con los hijos antes de que lleguen a la adolescencia y con el cónyuge antes de la vida media. El pasar tiempo juntos, el procurar ser amigos y el aprender a confiar y depender de Dios, son elementos importantes que ayudan para que ni la adolescencia ni la vida media sean períodos de crisis.

Jim y Sally Conway en su libro *Your Marriage Can Survive Mid-Life Crisis* nos dicen que sus estudios han indicado que alrededor del 75 por ciento de los hombres y mujeres experimentan desde moderadas hasta severas crisis durante la vida media, sin importar los trasfondos educacionales, económicos o religiosos.

Los Conway han encontrado también que los siguientes factores son elementos claves para mantener a los esposos juntos durante ese período: El compromiso de permanecer juntos y de mantener su matrimonio en la prioridad más alta, la habilidad para comunicarse efectivamente, la vida espiritual personal, la solución de conflictos, el relacionarse con otra gente, la intimidad sexual, el compartimiento de humor y diversiones, las expectativas reales, el servirse el uno al otro y el compartir el liderazgo y el crecimiento personal.

El nido vacío: Vuelve la paz

Después de la tormenta, viene la calma. Los matrimonios que sobrevivieron la etapa anterior pueden contar ahora con uno de los niveles más altos de felicidad, casi como la felicidad que tuvieron cuando formaron el nido.

Sin embargo hay aquellos que lo que esperan es que los hijos se vayan de la casa para también irse ellos. Estos son los que pusieron todo su esfuerzo y atención en los hijos de tal manera que descuidaron su matrimonio. Así que cuando los hijos se van, no hay nada que los una como pareja.

Pero los que mantuvieron un sano equilibrio en la relación con los hijos y el cónyuge, habrán ahora de gozar mucho de su vida matrimonial, porque la pareja está bien asentada financiera y emocionalmente. Tienen de su parte la gran experiencia que han adquirido a través de los años. Se conocen mejor y han aprendido a resolver los problemas que confronta su matrimonio. Vuelve el tiempo cuando tienen nuevamente "privacidad" y pueden pasar más tiempo como esposos.

Uno de los aspectos más sobresalientes de esta etapa es, sin duda alguna, la llegada de los nietos. Se los goza en los momentos felices y alegres, pero se los manda a los padres para las cosas difíciles. Este es el arte de ser buenos abuelos: el no querer ser los padres de los nietos. Hay que dejar que los padres se encarguen de ellos. Los abuelos están sólo para gozar de los nietos.

Se deshace el nido: Retiro y muerte

Desafortunadamente todo llega a su fin. En este último período se agudizan las enfermedades serias, viene la pensión o el retiro y al poco tiempo uno de los cónyuges, generalmente el hombre, pasa a descansar, seguido después por la esposa.

Se terminó un ciclo, ahora es el tiempo de los hijos, y de los nietos. No hay nada como mirar hacia atrás y poder decir: "fue una buena vida, tuve felicidad, gocé mucho de mi familia, tuve un excelente y muy feliz matrimonio". Porque, como cuando se sale de un viaje, lo que uno trae a la memoria años después, es solamente los buenos momentos, los gratos recuerdos.

En nuestro corto peregrinar por la vida, de lo que nos acordaremos al final será de los buenos momentos. Nuestros hijos recordarán de nosotros los momentos felices. Sí, hubo momentos difíciles, problemas y dificultades, pero sólo se recordarán los momentos felices.

Propiciemos con nuestros hijos y con nuestro cónyuge más de esos momentos que producirán sólo dulces y felices memorias.

Conclusión

En este corto trayecto hemos repasado algunos de los elementos más importantes para tener un matrimonio feliz. Parecería que no es tan fácil tener un matrimonio feliz; pero, tampoco es algo imposible. Sin ningún esfuerzo de parte de los contrayentes, lo normal será que el matrimonio transite por donde no debe, por caminos obscuros y de infelicidad. Pero si se trabaja, prestando atención a todos los detalles y aplicando los principios necesarios, se ha comprobado que se puede gozar de un verdadero "pequeño cielo en esta tierra". Como dice el Dr. Mace, "podemos tener matrimonios felices si de veras lo queremos".

Si tuviera que escoger de entre todos los factores que intervienen para formar un hogar feliz, los que juzgo más importantes, creo que mencionaría los siguientes: Tiempo, amor, consejo profesional y oración.

Tiempo

Como mencioné desde la introducción y recalqué a lo largo de todo el libro, un buen matrimonio requiere de grandes porciones de tiempo: tiempo para conocerse, tiempo para aprender a resolver los problemas que se presentan en el camino, tiempo para ser un compañero, tiempo para estar con los hijos. La lista es interminable, y cada cosa requiere de tiempo, mucho tiempo.

El Dr. Campolo en su libro *Growing Up in America* estima que los padres actualmente pasan un promedio de siete minutos por semana con sus hijos. Algo tal vez muy difícil de aceptar, pero los resultados que se ven en los hogares actuales parecerían indicar que los padres o están haciendo muy mal trabajo o simplemente no están haciendo nada para mejorar sus familias.

Amor

Este elemento ha sido presentado anteriormente como el corazón de todo matrimonio. Es lo que mantiene viva la relación matrimonial. Si no hay amor, la relación familiar y matrimonial no tendrá sentido, o lo que es peor, sucumbirá.

Este tipo de amor se expresa no solamente con palabras, sino con hechos. El verdadero amor requiere de los dos. En la familia es preciso que se diga lo mucho que se ama a los demás. La esposa necesita que se le diga que se le ama; asimismo los hijos y el esposo. No es algo que debe darse por sentado. Pero el amor, como decimos, debe expresarse también con hechos. Los hechos hablan más claramente que las palabras; así que junto con las palabras deben estar las manifestaciones de ese amor que se expresa en detalles como la cortesía, la comprensión, la paciencia, las palabras tiernas, los regalitos sorpresa, la ayuda en los quehaceres del hogar. Este amor se demuestra al esposo o a la esposa mediante actos que reflejan altos niveles de romance, tan importante para la relación matrimonial. Debe ser tan importante ya que San Pablo en Efesios 5 se preocupa en mencionarlo varias veces: “Maridos, amad a vuestras mujeres”.

Consejo profesional

Es decir, la ayuda de un profesional, de un consejero, de un terapeuta que oriente cuando las cosas no andan tan bien en el matrimonio o en la familia. La ayuda oportuna puede lograr una diferencia enorme en la vida de los cónyuges.

Un consejero cristiano puede ser de gran utilidad para poner en la perspectiva correcta los distintos problemas y las alternativas que se tienen cuando se está pasando por dificultades. Nadie debería casarse sin recibir consejo prematrimonial y nadie debería divorciarse sin haber pasado por consejo matrimonial.

No se debería esperar que los problemas ahoguen completamente la relación para entonces buscar ayuda. Los consejeros pueden brindar esta ayuda, pero ellos no obran milagros; simplemente han sido entrenados en áreas que fortalecen eficientemente al matrimonio, como la comunicación, la crianza de los hijos, la conducta sexual, las finanzas, etc. Para muchos, aun sin tener problemas serios, les sería muy beneficioso recurrir a su consejo.

Oración

Por último, pero en ningún momento el menos importante, tenemos el elemento de la oración en el hogar. Acertadamente se ha dicho que la familia que ora junta, permanece junta. Lo mismo se puede decir de los matrimonios. Los esposos que dedican tiempo a las cosas espirituales y que oran juntos buscando la dirección de Dios, tienen a su disposición los mayores recursos jamás imaginables. Comparto con muchos la convicción de que no hay problema que se presente en el matrimonio que con la ayuda de Dios no se pueda solucionar. Si los dos desean la ayuda de Dios, y lo expresan juntos en oración, Dios contestará sus oraciones, porque Él está aún más interesado que nosotros mismos en que tengamos un matrimonio feliz.

Se dice que la oración es como un río de agua fresca y cristalina que corre por nuestros pies, y que muchos se mueren de sed por no ponerse de rodillas para beber de ella. Arrodillémonos todos los días, bebamos de esa agua que Jesucristo nos ofrece en forma gratuita para descubrir la solución divina de todos nuestros problemas, sin excluir los matrimoniales.

Apéndice 1

Examen de asesoramiento matrimonial

Conteste las preguntas utilizando la siguiente escala

0 si la respuesta es completamente falsa
1 si la respuesta es mayormente falsa
2 si la respuesta es parcialmente falsa o verdadera
3 si la respuesta es mayormente verdadera
4 si la respuesta es completamente verdadera

1. Encuentro difícil expresar mis opiniones 0 1 2 3 4

2. Estamos en desacuerdo en el tipo de disciplina que utilizamos con nuestros hijos 0 1 2 3 4

3. Generalmente tenemos una vida sexual poco satisfactoria 0 1 2 3 4

4. Mi cónyuge toma todas las decisiones acerca de nuestro dinero 0 1 2 3 4

5. Siento que nuestros familiares influyen mucho en las decisiones de nuestro matrimonio 0 1 2 3 4

6. Generalmente dedico poco tiempo para estar con mi cónyuge 0 1 2 3 4

7. A veces pasamos varios días sin hablarnos 0 1 2 3 4

8. No expreso claramente mi manera de pensar ni mis sentimientos a mi cónyuge 0 1 2 3 4

9. Tenemos muchos problemas con nuestros hijos y a veces siento que son unos extraños 0 1 2 3 4

10. Quisiera que mi esposo(a) fuera más sexual y romántico(a) conmigo 0 1 2 3 4

11. Generalmente nos hace falta el dinero y tenemos problemas financieros 0 1 2 3 4

12. Nuestros familiares viven muy cerca de nosotros y se entrometen en nuestros asuntos 0 1 2 3 4

13. Siento que como esposos no tenemos la privacidad que necesitamos 0 1 2 3 4

14. Mi cónyuge a veces me empuja o golpea 0 1 2 3 4

15. Cuando hablamos, pretendo escuchar, pero no presto atención y estoy pensando en otra cosa 0 1 2 3 4

16. Nuestros hijos no nos respetan 0 1 2 3 4

17. Siento que no dedicamos el tiempo suficiente para nuestras relaciones sexuales 0 1 2 3 4

18. No nos mantenemos dentro de nuestro presupuesto, generalmente gastamos de más 0 1 2 3 4

19. Nuestros familiares insisten mucho en que hagamos lo que ellos dicen, lo cual no nos gusta 0 1 2 3 4

20. Como esposos no pasamos suficiente tiempo haciendo cosas juntos 0 1 2 3 4

21. Cuando me enojo, digo y hago lo que no debo 0 1 2 3 4

22. Cuando tenemos problemas, prefiero no hablar 0 1 2 3 4

23. No platico frecuentemente con mis hijos 0 1 2 3 4

24. Tenemos dificultades para ponernos de acuerdo en nuestras relaciones sexuales 0 1 2 3 4

25. Pienso que malgastamos nuestro dinero 0 1 2 3 4

26. No me llevo bien con los familiares de mi cónyuge 0 1 2 3 4

27. No me alcanza el tiempo para estar con mi cónyuge como yo quisiera 0 1 2 3 4

28. Tiendo a alzar la voz cuando me enojo, y digo lo que no debo decir, y hasta ofendo 0 1 2 3 4

29. No platicamos de lo que ocurrió durante el día 0 1 2 3 4

30. Los hijos no nos tienen la suficiente confianza como para contarnos sus problemas personales 0 1 2 3 4

31. No hay romanticismo, no gozo del sexo 0 1 2 3 4

32. No tenemos un presupuesto familiar 0 1 2 3 4

33. Nuestros familiares imponen sus deseos en nuestras vidas frecuentemente 0 1 2 3 4

34. No planeo cuidadosamente mis actividades para que me alcance el tiempo 0 1 2 3 4

35. Siento que me enojo y pierdo la paciencia muy fácilmente 0 1 2 3 4

Instrucciones

1. Después de que cada cónyuge conteste las preguntas anteriores, en la siguiente página coloque en cada cuadro el valor que corresponde a cada pregunta. El cuadro 1 corresponde a la pregunta 1. Pónga en el cuadro 1 el número al que usted puso un círculo en la pregunta 1, y así sucesivamente.

2. Sume de izquierda a derecha todos los números que usted contestó y ponga el resultado en el cuadro en blanco que está a la derecha.

3. Trace un círculo alrededor de los cuadros que tienen los números más altos.

4. Coloque los tres más altos en las líneas de abajo. Parecería que ésos son los tres problemas más graves de su matrimonio.

5. Discuta los resultados con su cónyuge.

Resultados

1	8	15	22	29	=	Comunicación
2	9	16	23	30	=	Hijos
3	10	17	24	31	=	Sexualidad
4	11	18	25	32	=	Finanzas
5	12	19	26	33	=	Familiares
6	13	20	27	34	=	Tiempo
7	14	21	28	35	=	Violencia

Los tres problemas principales en su matrimonio

____

____

____

Apéndice 2
Renovación de votos matrimoniales

El esposo a la esposa, de frente, tomados de la mano:

Ante la presencia de Dios, doy gracias porque eres mi esposa. En el espíritu de la descripción bíblica del amor, deseo establecer un hogar donde pueda demostrarte mi amor, así como Cristo demuestra el suyo. Gracias porque me has demostrado tu amor a través de los años que hemos pasado juntos.

En estos momentos prometo ser tierno, paciente, cariñoso y considerado en las cosas pequeñas, así como en las grandes. Reasumo el puesto de sacerdote que Cristo me ha conferido, para mantenernos cerca de nuestro Salvador Jesús. Es mi gran deseo que pasemos juntos la eternidad. Quiero ser el tipo de esposo que haga esto posible.

La esposa al esposo:

Me siento muy contenta de ser tu esposa. Eres mi mejor amigo en esta tierra y te amo con todo mi corazón. Prometo seguir a tu lado, a través del camino de esta vida y considerar tu felicidad en todos mis planes. Me esforzaré en brindarte la felicidad que tu ya me has brindado. Con la ayuda de Dios, procuraré hacer de nuestro hogar un lugar donde puedas probar un anticipo del cielo. Llena de gozo acepto tu promesa. Te reintegro mi amor y te entrego mi corazón.

Los dos juntos:

Delante de mi Dios, te tomo nuevamente como mi esposa (esposo) para continuar viviendo juntos en el santo estado del matrimonio. Prometo solemnemente hacer todo lo posible para demostrarte mi amor, consolarte, honrarte, protegerte, en la enfermedad y la salud, guardándome solamente para ti.

Apéndice 3

Cuestionarios

Noviazgo y matrimonio

1. F V Buenos noviazgos producen buenos matrimonios
2. F V Un buen matrimonio "nace", no se "hace"
3. F V Parejas que se casan rápido, se separan muy rápido
4. F V Los celos en el noviazgo desaparecen en el matrimonio
5. F V Es bueno tener hijos lo más pronto posible
6. F V Las finanzas causan serios problemas matrimoniales
7. F V Los cónyuges no deben depender de sus padres
8. F V Ver a un psicólogo o consejero es solo para locos
9. F V Diferencias religiosas producen matrimonios felices

Comunicación en el matrimonio

1. F V La comunicación es un gran problema en el hogar
2. F V Los hombres hablan más que las mujeres
3. F V Las mujeres expresan mejor sus necesidades
4. F V En la buena comunicación, hablar es más importante
5. F V Ver mucha TV favorece la comunicación en el hogar
6. F V La comunicación verbal dice más que la no verbal
7. F V Cuando hay problemas, es mejor no decir nada
8. F V La comunicación no debe ser planeada
9. F V Se puede mejorar la comunicación en el hogar

Los hijos y el matrimonio

1. F V Problemas con los hijos son causa de gran estrés
2. F V Los hijos son más problemáticos que las hijas
3. F V Cuanto más hijos se tengan, mejor
4. F V Pocos pasan por la "crisis" de la adolescencia
5. F V Al adolescente hay que dejarlo solo, ya le pasará
6. F V Hijos adolescentes = matrimonios infelices
7. F V Hay que hacer lo que el adolescente quiera
8. F V Los padres son del todo responsables por sus hijos
9. F V No se debe, ni se puede, ser amigo de los hijos

La vida media

1. F V Los padres pasan por una "segunda adolescencia"
2. F V Pocas personas pasan por la crisis de la vida media
3. F V La vida media no tiene por qué ser una crisis
4. F V Dios es el gran "enemigo" durante la vida media
5. F V Muchos se divorcian durante la vida media

Violencia en el hogar

1. F V Los esposos cristianos no golpean a sus esposas
2. F V Está bien enojarse, pero no está bien ser violento
3. F V Hay violencia sólo en hogares de bajos recursos
4. F V El abuso emocional es la violencia más común
5. F V Algunas esposas golpean a sus esposos
6. F V Sólo los borrachos golpean a sus esposas e hijos
7. F V Los violentos "nacen", no se "hacen"
8. F V Usar violencia en el hogar es un crimen
9. F V Los padres pueden hacer lo que quieran con los hijos

La sexualidad

1. F V El sexo lo es todo en el matrimonio
2. F V La sexualidad es un serio problema en el hogar
3. F V La sociedad y la religión afectan la conducta sexual
4. F V Los padres deben educar sexualmente a sus hijos
5. F V El matrimonio resuelve todo problema sexual
6. F V Las mujeres son más "frías" que los hombres
7. F V Hay quienes usan el sexo para "castigar"
8. F V Con los años, los cónyuges se aburren del sexo
9. F V Los hombres saben todo acerca del sexo

El amor

1. F V Los hombres no saben expresar su amor
2. F V Las mujeres son más cariñosas que los hombres
3. F V El ser romántico es sólo para los novios
4. F V No hay que decir "te amo" todos los días
5. F V Agarrarse de la mano es cursi y anticuado
6. F V "Hechos son amores"
7. F V La esposa está para servir al esposo
8. F V Hay quienes no saben dar ni recibir amor
9. F V Yo sé cómo expresarle mi amor a mi cónyuge

Bibliografía selecta

Balswick, Jack O. y Balswick, Judith K. *The Family.* Grand Rapids, Michigan: Baker Book House, 1989.

Carter, Betty y McGoldrick, Monica. *The Changing Family Life Cycle.* Boston: Allyn and Bacon, 1989.

Conway, Jim. *Men In Mid-Life Crisis.* Elgin, Illinois: David C. Cook Publishing Co., 1980.

Conway, Jim y Sally. *Your Marriage Can Survive Mid-Life Crisis.* Elgin, Illinois: David C. Cook Publishing Co., 1980.

Dobson, James. *Love for a Lifetime.* Portland, Oregon: Multnomah Press, 1987.

Everett, William Johnson. *Blessed be the Bond.* Philadelphia: Fortress Press, 1985.

Garland, Diana y David. *Marriage: For Better or for Worse.* Nashville, Tenn.: Broadman Press, 1989.

Gray, John. *Mars and Venus in the Bedroom.* New York: Harper Collins Publishers, 1995.

Grunlan, Stephen. *Marriage and the Family.* Grand Rapids, Michigan: Zondervan Publishing House, 1984.

Guernsey, Dennis. *The Family Covenant: Love and Forgiveness in the Christian Home.* Elgin, Illinois: David C. Cook Publishing Co., 1984.

Kaslow, Florence W. y Schwartz, Lita L. *The Dynamics of Divorce.* New York: Brunner/Mazel Publishers,1987.

Laney, J. Carl. *The Divorce Myth.* Minneapolis, Minnesota: Bethany House Publishers, 1981.

Lederer, William J. y Jackson, Don. *The Mirages of Marriage.* New York: W.W. Norton & Co. Inc., 1968.

Mace, David y Vera. *We Can Have Better Marriages If We Really Want Them.* Nashville: Abingdon, 1974.

Minirth, Frank y Mary Alice, Brian y Deborah Newman, Robert y Susan Hemfelt. *Passages of Marriage.* Nashville: Thomas Nelson Publishers, 1991.

Napier, Augusto. *The Fragile Bond.* New York: Harper & Row Publishers, 1988.

Penner, Clifford y Joyce. *The Gift of Sex.* Waco, Texas: Word Books, 1981.

Peñalosa, Joaquín Antonio. *Mini charlas para casados no fracasados.* México: Ediciones Paulinas, S.A., 1993.

Smedes, Lewis. *Sex for Christians.* Grand Rapids, Michigan: William B. Eerdmans Publishing Co., 1976.

Solomon, Marion F. *Narcissism and Intimacy.* New York: W.W. Norton & Co. Inc., 1989.

Sussman, Marvin B. y Steinmettz, Suzanne K. *Handbook of Marriage and the Family.* New York: Plenum Press, 1987.

White, Elena. *El Hogar Adventista.* Mountain View, California: Publicaciones Interamericanas, Pacific Press Publishing Association, 1967.